Marsha Crockett

CONVERSAS COM A ALMA

Escutando o divino com sagrado propósito

Tradução de Caroline Silva

Rocco

Título original
SPEAK, MY SOUL
Listening to the Divine with Holy Purpose

As citações bíblicas utilizadas neste livro, exceto quando indicado ao
contrário, foram retiradas da Almeida Revista e Atualizada (ARA).

Edição brasileira publicada mediante acordo com
The Upper Room através de Riggins Rights Management.

Direitos para a língua portuguesa reservados
com exclusividade para o Brasil à
EDITORA ROCCO LTDA.
Rua Evaristo da Veiga, 65 – 11º andar
Passeio Corporate – Torre 1
20031-040 – Rio de Janeiro – RJ
Tel.: (21) 3525-2000 – Fax: (21) 3525-2001
rocco@rocco.com.br | www.rocco.com.br

Printed in Brazil/Impresso no Brasil

Preparação de originais
VANESSA RAPOSO

CIP-BRASIL. CATALOGAÇÃO NA PUBLICAÇÃO
SINDICATO NACIONAL DOS EDITORES DE LIVROS, RJ

C954c

Crockett, Marsha
Conversas com a alma : escutando o divino com sagrado propósito / Marsha Crockett ; tradução Caroline Silva. - 1. ed. - Rio de Janeiro : Rocco, 2025.

Tradução de: Speak, my soul: listening to the divine with holy purpose
ISBN 978-65-5532-574-4
ISBN 978-65-5595-375-6 (recurso eletrônico)

1. Direção espiritual. 2. Espiritualidade. 3. Vida espiritual - Cristianismo. I. Silva, Caroline. II. Título.

CDD: 253.53
25-98413.2 CDU: 27-1

Carla Rosa Martins Gonçalves - Bibliotecária - CRB-7/4782

No momento da publicação da edição original desta obra, todos os sites
referenciados estavam válidos. No entanto, devido à natureza fluida da internet,
alguns endereços podem ter sido alterados ou o conteúdo não ter mais relevância.

Dedico ao meu esposo, Ernesto Castro: meu melhor amigo, parceiro e apoiador desta vida de escrita. Você torna fácil fazer o que amo, e serei eternamente grata.

SUMÁRIO

AGRADECIMENTOS

Nos últimos anos, fiz novos amigos e me conectei com pessoas pela internet. Agradeço a todos que me acompanham nos meios digitais, que descobriram minhas publicações no blog *Soul Talk* ou que se inscreveram na *newsletter* Soul Talk, obrigada por me incentivar na escrita e na minha vida como um todo. Oro para que um dia possamos, nesta ou na vida que está por vir, conversar face a face e compartilhar nossa vida virtual em tempo real.

A equipe de profissionais da editora Upper Room Books me aperfeiçoou de uma forma que eu jamais teria conseguido por conta própria. Obrigada a Michael Stephens, Rachel Hagewood, Deborah Arca, Dylan White e a toda a equipe pelo zelo, pela colaboração e pelo cuidado com as palavras que aqui ofereço.

Minha família cuidou fielmente de mim e me incentivou a escrever durante toda a minha vida. Obrigada especialmente à minha irmã, Linda Carlblom, que foi minha primeira leitora e editora em muitos dos meus projetos. Às minhas filhas, Megan e Amy, obrigada pela torcida animada pelo meu trabalho ao longo dos anos. E obrigada à minha querida mãe, que pergunta religiosamente toda vez que conversamos: "Como vai a escrita?"

E, finalmente, obrigada ao meu esposo, Ernesto Castro, a quem dedico este livro. Obrigada por seu apoio e, em especial, por projetar e construir com suas próprias mãos meu "ninho da escritora", onde encontro alegria e inspiração para escrever. Nenhuma escritora poderia pedir por um parceiro melhor ou por uma expressão melhor do amor nesta jornada.

A Deus toda a glória.

INTRODUÇÃO

A alma fala. A alma que nos foi soprada por Deus dota nossas experiências de intenção e propósito sagrados, conduzindo-nos em um caminho que leva a um relacionamento íntimo e dinâmico com Deus. Se estivermos dispostos a ouvir nossa voz interior, estaremos mais bem preparados para espalhar a imagem do amor divino pelo mundo. Mas dedicamos pouco tempo à prática da arte de ouvir o que nossa própria alma diz. Se nem sempre conseguimos reconhecer a voz de nosso ser interior, imagine a voz de Deus. Somos inexperientes na arte de ouvir profundamente o ritmo da vida e desconhecemos o quanto podemos encontrar Deus. Há poucos lugares seguros que possamos imaginar e por onde perambular acompanhados na paisagem espiritual da alma. Não dedicamos o tempo necessário para batalhar por nossa fé e lutar acompanhados dos anjos, como fez Jacó (ver Gn 32:22–31), pedindo a Deus que revele novas pessoas e novos caminhos para os nossos dias.

Descobri que minha alma poderia falar comigo quando mergulhei na riqueza dos salmos, décadas atrás, e ouvi Davi e os outros salmistas falando com a própria alma. Esses mesmos salmos se tornaram as palavras que Jesus usava para expressar suas mais profundas agonias humanas, inclusive quando foi crucificado. Sigo encontrando descanso e encorajamento nessas canções antigas. Elas me oferecem a liberdade de explorar indagações, lamentar meus problemas e discernir a presença e a voz de Deus.

Este livro se baseia nessa premissa dos salmos, convidando você para uma profunda viagem rumo à sua vida interior. Nessa viagem pela paisagem particular, passaremos por vários estágios na trajetória espiritual; não se trata de níveis de realizações, mas sim de uma trilha que avança de modo circular, em vez de linear. Podemos transitar por esse círculo de um ponto para o outro, ou podemos atravessar o círculo. Frequentemente experimentamos um desses caminhos por vez, mas vários deles podem se fundir em um só. Apenas o Espírito pode dirigir essa viagem. Embora eles existam em quantidade infinita, aqui vamos explorar os caminhos do Discernimento, da Disciplina, da Permanência, do Deserto, da Identidade, da Comunidade e da Contemplação.

Avance por estas páginas no seu tempo. Você encontrará sete semanas dedicadas a reflexões devocionais e sugestões para se comprometer com essas leituras, mas fique à vontade para se demorar em um capítulo ou em uma meditação individual, para explorar e para se dedicar aos convites do Espírito. Não se trata de uma corrida, e não há nenhuma obrigação de completar o livro em sete semanas. Use oito, dez ou vinte semanas se esse for seu ritmo e sua vontade.

E enquanto fazemos nossa busca pela alma, encorajo você a empreender essa viagem na companhia de outros interessados em encontrar uma conexão mais profunda com o coração do Salvador. O Apêndice 1 apresenta um guia para líderes que auxilia a criação de um grupo de escuta, explorando cada tópico semanal de modo mais profundo e oferecendo informações a respeito da escuta ativa e de dinâmicas de grupo.

Cada capítulo é dedicado a um "caminho interior" e inclui os seguintes elementos:

- Um salmo: um versículo e uma reflexão que funcionam como um marco inicial para o caminho da semana sagrada. Essa abertura estabelece o cenário para as meditações que serão feitas e convida você a ouvir a sua alma.

- Seis leituras devocionais: meditações diárias abrirão seu coração e mente para os diversos pontos de referência ao longo de cada caminho escolhido. A sexta leitura tem como foco parte da narrativa da Paixão, na última semana da vida de Jesus.
- Momento de descanso: toda viagem precisa ser equilibrada com pausas para descansar ao longo da jornada. Após cada leitura devocional, você encontrará perguntas de reflexão ou sugestões de práticas pensadas para aprofundar suas conversas com Deus e estimular a escrita de um diário.
- Conversas com a alma: no sétimo dia, uma revisão da semana e do compromisso reúne todo o seu trabalho no caminho interior em prol de seu crescimento pessoal, a fim de utilizá-lo em um pequeno grupo de escuta ou em conversas de direcionamento espiritual. Essa revisão sugere a leitura de um salmo e um guia para oração e meditação pela *Lectio Divina* (leitura sagrada).
- A *Lectio Divina* é uma leitura vagarosa das escrituras, acompanhada de uma escuta orante, que busca as formas pelas quais sua experiência humana encontra interseção com os desígnios sagrados do Espírito. Enquanto estiver lendo, ouça com os ouvidos do coração qualquer palavra ou frase que pareça chamar sua atenção ou ressoar dentro de si. Essa é uma experiência diferente do estudo bíblico, que foca nas informações contextuais, nos significados históricos ou na pesquisa. Essa palavra ou frase que ressoar em você é o desígnio do Espírito em seu próprio espírito. Assim que a identificar, guarde essa palavra no coração e deixe-a assentar aos poucos em sua alma, em silêncio. Então, devagar, leia a passagem novamente, buscando um chamado divino para si. Há algo a explorar nele? Algo a libertar? Uma ação a tomar ou um comportamento a corrigir? Essas palavras são a maneira pela qual Deus dá início a um diálogo em oração. Responda a Deus com palavras ou em silêncio. Dedique um minuto para gravar sua palavra e sua interação com ela em seu diário.

Ao ouvir sua alma nesta jornada, que você encontre a sabedoria do Espírito. Que você aprenda a ouvir sua própria alma à medida que viaja pelo caminho interior e entre na acolhedora presença de Deus.

Que sua jornada seja abençoada,
Marsha Crockett
www.marshacrockett.org

O CAMINHO DO

DISCERNIMENTO

Somente em Deus, ó minha alma, espera
silenciosa, porque dele vem a minha esperança.
Só ele é a minha rocha, e a minha salvação,
e o meu alto refúgio; não serei jamais abalado.

SALMOS 62:5-6

Discernimento é a prática de ouvir profundamente a voz de Deus em suas muitas formas. Raramente escutamos essa voz em palavras humanas; podemos ouvir Deus por meio de uma nova consciência do momento presente ou de um desejo vindo do coração que continua nos chamando a explorar e nos aproximar d'Ele. Pode ser um convite a analisar uma realidade ou uma realidade potencial para observar como ela se encaixa e perceber o que nos revigora e o que nos enfraquece.

Discernimento é difícil. Muitas vezes temos pressa ou estamos distraídos demais para nos sentar e esperar por Deus em silêncio. Gostamos de uma vida resolvida, sem problemas que exijam tempo, reflexão e oração para serem combatidos ao longo do dia.

Ansiamos por uma satisfação ininterrupta, mas às vezes nossa alma é abalada por um turbilhão quando o Espírito desperta novos chamados em nós. Aprender a parar e esperar em vez de lutar contra o silêncio é um convite para novas dimensões da fé, especialmente no suspense de realidades não resolvidas. Costumamos reconhecer a necessidade do discernimento quando chegamos a um ponto de decisão a respeito de algo significativo na vida: um emprego, uma transição, um chamado, um parceiro de vida, uma mudança. Como esses grandes eventos exigem sabedoria e a busca da condução de Deus, o discernimento como um caminho para ouvir nossa alma pede que olhemos para o cerne do problema. Aqui ouvimos e vemos o mover do Espírito ou a iniciativa e o convite divinos em todos os aspectos da nossa vida, e não somente nos mais importantes.

Se ter discernimento se resumisse apenas a tomar as melhores decisões com base nas informações disponíveis, uma lista de prós e contras e a confirmação de uma fonte confiável já seriam suficientes. Mas o discernimento espiritual pede algo a mais. Discernir significa buscar entender nosso desejo para conhecer Deus sob um novo prisma por meio de uma experiência. Discernir não é fazer uma pergunta e jogar uma moeda para obter a resposta. Mais do que procurar a resposta certa ou errada, discernir significa explorar o caminho que nos leva para mais perto de Deus.

1. Discernindo a voz de Deus

Se queremos ouvir nossa própria alma, primeiro precisamos discernir como a voz de Deus soa e confiar que estamos percebendo a ação Divina em nossa vida. O engano se dá quando atribuímos a voz de Deus a outras vozes. Na infância, consideramos verdade o que ouvimos primeiro dos nossos pais, mesmo que essa "verdade" seja falsa ou abusiva. Muitas outras vozes em nossa vida também tentam impor sua autoridade: um professor convincente, um pastor contundente, um irmão mais velho ou um chefe desumano. Filtrar as mensagens — positivas ou negativas — que internalizamos é um processo de uma vida toda.

Ideais culturais também podem ser confundidos com a voz divina, tais como a ética do trabalho que insiste que nosso crescimento se dá pela acumulação de posses ou riqueza. A riqueza em si não é boa nem ruim, mas ter o foco nela pode nos levar à idolatria. O homem rico demonstrou isso quando foi convidado a vender tudo o que tinha e dá-lo aos pobres, e então seguir Jesus. Diz a escritura: "Ele, porém, contrariado com esta palavra, retirou-se triste, porque era dono de muitas propriedades" (Mc 10:22). Mensagens culturais muitas vezes são mais fortes que as que recebemos das pessoas que fazem parte da nossa vida e que verdadeiramente se importam conosco.

Então, como é a voz de Deus? Em primeiro lugar, a voz de Deus traz vigor, não enfraquecimento. A voz de Deus é plena de graça e misericórdia para com cada um de nós. "Eu é que sei que pensamentos tenho a vosso respeito, diz o Senhor; pensamentos de paz e não de mal, para vos dar o fim que desejais" (Jr 29:11). Essa promessa não significa que a vida será fácil. Quando Deus convoca Moisés a ir para o Egito, Moisés é confrontado por desafios em cada etapa do caminho, incluindo seus próprios pensamentos negativos. Ainda assim, a persuasiva voz de Deus permanece guiando-o em direção à liberdade para o povo hebreu (ver Ex 3).

A voz de Deus é criativa; está sempre criando algo novo até mesmo a partir das mais difíceis circunstâncias da vida. "E, assim, se alguém está em Cristo, é nova criatura; as coisas antigas já passaram; eis que se fizeram novas" (2Cor 5:17). Mas criar algo novo é um trabalho demorado, e muitas vezes recusamos esses convites por causa do tempo e atenção que eles podem exigir. Abandonar uma carreira e estudar uma nova área leva tempo. Corrigir as disfunções usuais de nossos relacionamentos e aprender novos métodos de interação leva tempo. É um longo processo buscar a voz da nossa própria alma.

A voz de Deus respeita nosso livre-arbítrio. Há quem diga que devemos crucificar nosso desejo assim como Jesus o faz no jardim do Getsêmani (ver Lc 22:42). Mas Jesus não ora para que seu livre-arbítrio seja extinto, e sim para que seja fortalecido, a fim de que consiga escolher o caminho que Deus preparou para ele. A escolha continua inteiramente nas mãos de Jesus: entregar sua vida por amor a Deus ou dar as costas e exercer sua própria vontade para evitar a dor momentânea. Há uma diferença entre vontade própria, que se baseia no ego, e livre-arbítrio, que se baseia na alma. O livre-arbítrio é o centro da alma e é necessário para escolhermos amar.

É possível aprender a discernir a voz de Deus, e é o mais profundo desejo do coração de Deus conversar intimamente com cada um de nós. Quando estamos abertos a ouvir os chamados divinos, enriquecemos os caminhos da alma.

MOMENTO DE DESCANSO

Em quais aspectos de sua vida você está discernindo a voz de Deus? Como reconhece a voz Divina interior? Quais outras vozes você consegue identificar em sua vida que às vezes podem ser confundidas com a voz de Deus? Como respondeu aos chamados de Deus? Este é o momento para esperar em Deus ou para seguir em frente, dar um nome ao seu dom, aceitar um chamado e expressá-lo de alguma forma? Anote suas respostas em um diário.

2. Discernimento na vida diária

Se o discernimento é uma prática espiritual, como podemos experimentá-lo no dia a dia, quando apenas transitamos entre as tarefas ordinárias de nossos dias e semanas? Na maior parte dos dias, não há grandes decisões que precisem ser tomadas ou desastres com os quais precisemos lidar; há somente pequenos movimentos, ajustes de rotina, interseções com outras pessoas, energia dedicada ao trabalho e ao lazer e períodos de descanso.

Uma prática de discernimento para o dia a dia é chamada de Exame Diário. Essa prática consiste simplesmente em um momento em que convidamos o Espírito a filtrar tudo o que aconteceu ao longo do dia. Reparamos no que foi revigorante e no que foi enfraquecedor de algum modo. Refletimos sobre como Deus falou ou participou disso tudo.

Sob essa oração há uma base de confiança que torna possível se aproximar de Deus com coragem. Cada um de nós usa palavras ou expressões diferentes para expressar o que significa essa base. Para mim, ela inclui confiar que Deus está sempre trabalhando e me cobrindo de bondade e compaixão — e inclui minha crença de que Jesus é o maior exemplo de como viver a graça e a verdade compassivas de Deus neste mundo.

Com tal base bem sedimentada, começo a repassar meu dia; não necessariamente minuto a minuto, mas aos poucos, permitindo que os pensamentos que tive ao longo do dia venham à tona: manhã, tarde, noite. Reparo no que atrai meu olhar. Pauso para refletir sobre esses momentos e sobre o que esse convite pode significar. Há hábitos ou comportamentos que precisam ser mudados? Qual é a evidência da presença Divina nesse encontro, nessa emoção, nesse pensamento? Como ela pode me levar à bondade e à compaixão de Deus para comigo ou para com outros? Como influencia minha vida deste dia em diante?

Essa oração é como um caminho que compartilho com Deus, onde conversamos como amigos íntimos sobre o que aconteceu — ou sobre o que não aconteceu. E, quanto mais fazemos isso, mais a prática diária transforma o discernimento dos grandes eventos e decisões da vida em uma conversa natural, que acontece em um caminho trilhado ao lado de Deus.

MOMENTO DE DESCANSO

Se você nunca fez isso, considere escrever suas próprias bases de fé, as bases que fundamentam sua crença a respeito de como você vive sua vida. Se parecer trabalhoso demais, pense em uma lista de palavras que expressem o que você valoriza em sua vida espiritual ou como é sua experiência com Deus. Como você reage à ideia de trabalhar lado a lado com o Divino para repassar sua vida cotidiana e ordinária? Soa convidativo, invasivo, impossível ou alguma outra coisa?

3. Ouvir, ver, tocar

Henri Nouwen descreve o discernimento da seguinte forma: "Discernimento é uma vida de ouvir um som profundo e caminhar em um ritmo diferente, uma vida na qual nos tornamos 'todo ouvidos' [...]. O discernimento nos permite 'ver através' da superfície das coisas, captando seu significado mais profundo, e descobrir o trabalho conjunto do amor de Deus e nosso lugar único no mundo."[1] Discernimento é o processo de procurar as digitais de Deus em nossa vida, reconhecer as pegadas de Deus em nosso caminho, e ouvir os pensamentos de Deus em nossa mente. De fato, é preciso alguma prática para discernir a voz e o toque de Deus frente à força das vozes humanas que podem ter formado e moldado nossa vida ao longo dos anos.

Repare em como Nouwen fala em ouvir e ver. Eu também acrescentaria o sentir, já que consideramos as digitais do Divino na vida cotidiana. O discernimento é uma experiência sensorial — mesmo que nunca tenhamos ouvido literalmente a voz de Deus ou sentido o toque físico d'Ele, experimentamos os resultados tangíveis da presença de Deus em nossa vida. O discernimento requer que estejamos abertos a essa presença e sincronizemos todos os nossos sentidos para estarmos prontos para vivê-lo.

Além das questões de ouvir, ver e sentir Deus, há uma pergunta recíproca: eu quero ser ouvido ou sentido ou tocado por Deus? Essa é uma pergunta que Jesus fez muitas vezes às pessoas antes de proferir palavras de cura para a vida delas. "Queres ser curado?"* ou "Que queres que eu te faça?"**. Uma coisa é respon-

* João 5:6. (N. da E.)

** Marcos 10:51. (N. da E.)

der "Eu quero conhecer a Deus"; outra totalmente diferente é aceitar ser conhecido por Deus. Quando pedimos em oração que conheçamos a Deus, frequentemente precisamos começar pelo convite divino a conhecermos a nós mesmos. Pode demorar algum tempo até revelar e remover as camadas que cobrem o ser interior — a descrença autoprotetora, a reputação autopreservadora ou os combates de poder autorresistentes.

A formação da alma no processo de conhecer a nós mesmos e a Deus é a obra do Espírito dentro de nós. Quando somos convidados a nos expor, observar e ouvir essa obra, não precisamos fazer o trabalho pesado. É o Espírito que trabalha dentro de nós. O discernimento é esse relacionamento eterno entre ouvir e ser ouvido, ver e ser visto, tocar e ser tocado pelo amor fiel e onipresente de Deus.

MOMENTO DE DESCANSO

Separe dez a quinze minutos de seu dia para se sentar em silêncio, fechar os olhos e imaginar Jesus junto a você, chamando por seu nome e perguntando: "Que queres que eu te faça?" Enquanto ele está sentado ao seu lado, repare em como seu corpo, mente e espírito respondem à presença dele e à pergunta que faz. Como você quer responder? Quais questões surgem em seu interior a respeito de conhecer a Deus e ser conhecido por ele? Registre sua resposta em um diário.

4. Discernindo propósitos

Mesmo sendo uma adulta plenamente formada, às vezes me pego pensando para que serve a minha vida. Qual é o meu propósito? Um amigo me disse há pouco tempo: "Sinto que não tenho nenhum sonho de vida." Nosso propósito de vida é uma questão importante e um grande assunto de oração, mas é fácil sermos consumidos pela necessidade de simplesmente sobrevivermos neste mundo. As rotinas do trabalho, de relacionamentos e diversas atividades nos mantêm em movimento e talvez até entretidos, mas, em algum ponto do caminho, podemos perder nossa habilidade de sonhar além das restrições impostas pela realidade. Naturalmente, queremos sentir que contribuímos de forma significativa para o mundo, ou ao menos para nossa família e amigos, mas esse propósito exato muitas vezes nos escapa. Discernir o propósito na vida é, com frequência, um desvelar lento, mas três elementos nos conduzem pelo caminho do discernimento.

Amabilidade: quando discernimos nosso propósito ou chamado, um dos principais aspectos que consideramos é a vontade de Deus para nossa vida. E, claro, sempre surge a pergunta: "Como posso saber se estou fazendo a vontade de Deus?" Quando tirei meu foco do *fazer* a vontade de Deus e simplesmente o coloquei em *ser* a vontade de Deus, passei a confiar em mim mesma, vivendo as experiências neste mundo. Saber que eu sou a vontade de Deus significa que sei que sou amada por Ele. Essa consciência traz um propósito maior a cada minuto da minha vida. Onde quer que eu esteja e o que quer que eu faça, vivo a vocação que me foi dada por Deus, porque me reconheço como sendo amada por Ele.

Sabedoria interior: há pistas de qual é o nosso propósito impressas em nosso DNA. Elas se revelam em nossas experiências, personalidade, preferências, paixões, dons e talentos. Essa sabedoria interior é algo que podemos subestimar, porque as experiências da vida parecem muito "ordinárias". Leva tempo até que estejamos aptos a olhar de modo profundo para a vida, a considerar qual é a nossa história e os temas que surgem ao longo das décadas. Mesmo as pequenas coisas — como reparar nos tipos de livros que lemos, nos filmes que chamam nossa atenção, nas coisas que trazem alegria — são pistas para encontrar portas abertas para oportunidades únicas que somente nós temos condições de realizar. A sabedoria de uma vida cheia de propósito esconde-se dentro da nossa alma.

Deleite: o filme *Carruagens de Fogo* imortalizou o atleta olímpico Eric Liddell, que corria da forma menos ortodoxa possível, quase se debatendo no ar, prova após prova. Sua história sempre é lembrada por seu compromisso em honrar o Shabbat, desistindo de sua prova olímpica para guardar o sábado, mas o que realmente o impelia era sentir o deleite de Deus enquanto ele corria. Certamente, cada um de nós já experimentou (assim espero) momentos em que nos sentimos embalados pelo fluxo do deleite divino: um momento no qual pensamos: "Eu não posso *não* fazer isso!" Desde resolver um problema no trabalho, ninar uma criança até ela cair no sono, se lançar em um trabalho artístico ou caminhar à beira-mar no entardecer. As oportunidades de experimentar o deleite de Deus para conosco e dentro de nós são infinitas. Esses momentos nos aproximam de nosso propósito de vida.

À medida que começamos a observar os sinais de que podemos ser amados, escutar nossa sabedoria interior e o deleite de Deus agindo em nós, discernimos com mais facilidade o caminho interno que expande nossos sonhos e nossa capacidade de viver com um propósito divino.

MOMENTO DE DESCANSO

Pense nos três elementos que trabalhamos para discernir nosso propósito: amabilidade, sabedoria interior e deleite. Qual deles você já experimentou? Onde você espera discernir e confirmar a vontade de Deus ou o propósito da sua vida? Use seu diário para explorar cada um desses aspectos de uma vida cheia de propósito: tanto os que você já viveu quanto os que ainda espera viver.

5. Descontentamento santo

Lutar contra a fé muitas vezes envolve confrontar suas dúvidas, não para anulá-las e suprimi-las, mas para pegá-las pela mão e permitir que abram uma porta que levará a uma expansão do entendimento do que significa ter fé. Com frequência, experimentamos a dúvida como algo que começa a nos desestabilizar. Podemos responder com um comportamento defensivo, a fim de preservar aquilo em que uma vez alegamos acreditar, ou aquilo que alegamos ser nossa tradição de fé. Podemos bater o pé e nos tornarmos mais resolutos, redobrando nossos esforços com disciplinas espirituais. Também podemos demonstrar julgamento se percebermos que uma nova verdade em nossa jornada de fé se alinha com aquelas que menosprezamos no passado. Ainda assim, a dúvida permanece. Até que sejamos honestos com nossa alma, continuaremos a sentir a tensão de nossa fé emergente.

A dúvida — ou, como eu gosto de pensar, o descontentamento santo — pode ser percebida como um incômodo grão de areia dentro de uma ostra, mas, de vez em quando, pode se tornar uma bonita pérola. E como o descontentamento pode ser santo? É santo quando nos leva a águas mais profundas. Pisamos em um solo sagrado quando ficamos insatisfeitos com respostas fáceis, que soam rasas em um momento em que estamos sedentos pela *santificação* da vida ordinária. Quando sentimos algo a mais que nos convida a explorar, aprender, dar um passo além, simplificar e abandonar tudo o que sobrecarrega a alma, estamos sentindo o Divino.

Quem me dera ter uma lista de respostas fáceis, uma *checklist* para me ajudar a saber qual é a forma correta de caminhar com

Deus, mas a cadência da fé e o ritmo da vida são únicos para cada um de nós. Ainda assim, não precisamos caminhar sozinhos. Fomos dados uns aos outros para caminharmos juntos enquanto mantemos nossos olhos fixos n'Aquele que nos oferece Vida e Fé. Somos simplesmente chamados a confiar em nossas experiências com Deus na jornada da fé, o que inclui aprender a confiar que os aborrecimentos, o descontentamento e as reações defensivas são todos chaves para conhecer uma nova face de Deus conosco.

Convidar nossas dúvidas e perguntas a se sentarem à mesa pode ser desconfortável. Há vulnerabilidade em dar voz à curiosidade da imaginação. E sempre há uma tensão santa no desconhecido, em não obter uma resolução imediata. Mas, quando encontramos esse santo descontentamento em nós mesmos e aprendemos a respirar e esperar no desconforto, alcançamos uma confiança mais profunda no lento trabalhar de Deus.

MOMENTO DE DESCANSO

Em seu diário, seja específico quanto à sua fé e às suas práticas de fé. Quando no passado você sentiu uma tensão em relação ao que entendia a respeito de Deus ou da sua fé? Dedique um momento para nomear a tensão e simplesmente guarde-a em silêncio diante de Deus. Mesmo que você ainda não esteja pronto para dizer "está tudo bem nessa área da minha alma", tente dizer que "tudo está guardado". Confie que Deus está guardando você em segurança neste período de discernimento.

6. A sombra da cruz

Sempre que discernimos nossa direção na vida, olhamos para nossas opções, fazemos uma lista de prós e contras e nos movemos em direção àquela que fizer mais sentido, qualquer que seja. Não há nada de errado nisso, mas há outra opção a considerar: aquela que nos coloca sob a sombra da cruz. O caminho do sofrimento nunca fará sentido em uma lista de prós e contras, mas pode ser o lugar para o qual estamos sendo chamados. Talvez estejamos discernindo um caminho obscuro, um caminho no qual talvez não enxerguemos com clareza qual será o próximo passo, mas ainda reconhecemos a porta aberta que nos convida a entrar. Podemos nos sentir chamados além de nossas próprias habilidades e experiências, além de qualquer coisa que possamos ter imaginado. Ou talvez nos sintamos levados a um lugar que parece "abaixo" de nós, insuficiente para nós. É somente pela fé e pela força de Deus que podemos trilhar um caminho que nos levará a crucificar o ego, a reputação, o status ou a autoridade devidamente merecida.

Esse é o caminho que Jesus escolheu. Antes da crucificação do corpo, ele fez uma escolha, discernindo se poderia crucificar completamente sua vontade própria e seu desejo a fim de exercer o livre-arbítrio que lhe permitiu escolher seguir o caminho divino que fora posto diante dele. No Getsêmani, ele pôde ver o sofrimento que o aguardava. A morte pela crucificação talvez parecesse abaixo da dignidade que ele merecia sendo o Filho de Deus ou além do sofrimento que ele poderia aguentar, ainda assim, ele deixou tudo isso de lado e caminhou em direção à sombra da cruz. De algum modo, encontrou a coragem e a força para ir além, para dar mais um passo. E, porque ele o fez, nós podemos nos aproximar de Deus, nos aproximar da esperança da nossa alma.

Independentemente das nossas circunstâncias ou status na vida, todos nós, em um momento ou outro, encararemos a cruz. Encontramos Jesus em nossas feridas, no sofrimento da nossa alma em decorrência da perda da saúde, de entes amados ou de modos de vida. Encaramos a cruz quando lamentamos e nos revoltamos contra as coisas. E não precisamos sair à procura de uma cruz para carregar: ela está entranhada na realidade da vida, na sobrevivência, nas injustiças, nas traições.

A questão a discernir é: nós seguimos em frente ou damos as costas e vamos embora? Damos graças? Lamentamos? Prosseguimos na longa jornada ou em nossos rumos? Como descobrimos nosso modo de aguardar fielmente sob a sombra da cruz e entregar nosso espírito nas mãos d'Aquele que é Fiel?

MOMENTO DE DESCANSO

Pense em um momento de sua vida em que você ou um ente querido esteve em sofrimento e pareceu ser um fardo pesado demais para carregar. Imagine Jesus sentado ao seu lado, olhando para você, dividindo o peso com você. O que você ouve ou vê? O que gostaria de dizer a ele a respeito desse momento de sua vida? Imagine Jesus caminhando em direção à crucificação. Imagine-se juntando-se a ele, olhando para ele, dividindo o peso com ele. O que você vê ou ouve? Sente-se sob a sombra da cruz dele e diga o que você precisa dizer sobre o seu sofrimento.

7. Conversa da alma

Para reflexão pessoal, diálogo de direção espiritual, discussões em pequenos grupos ou em retiro

Lectio Divina: Salmos 62:5–12

Lenta e devotadamente, leia em voz alta a passagem da escritura acima, que descreve como Davi praticou o discernimento e ouviu a voz de Deus. Busque uma palavra ou frase que ressoe em você ou capture a atenção do seu coração. Guarde essa palavra ou frase dentro de si durante um minuto de silêncio. Leia os versículos outra vez, com atenção, buscando uma conexão mais profunda, um chamado ou orientação relacionado à palavra ou frase. O que Deus está dizendo a você por meio da passagem da escritura nesse momento e nesse lugar?

Após outro período de silêncio, anote em seu diário o que você recebeu, ouviu ou desejou. Se estiver em grupo, compartilhe brevemente a palavra e suas reflexões a partir dessa leitura com outra pessoa, ouvindo sem fazer comentários e sem dar conselhos ou até mesmo validação. Apenas guarde as palavras divinas recebidas em um silêncio seguro e acolhedor.

O caminho interior do discernimento

- Se você tiver registrado cada uma das seis leituras em seu diário, volte e revise os registros. Qual é o fio condutor de seus pensamentos? Qual é o assunto que prevalece em suas reflexões? Como esse fio condutor pode ser tecido em uma oração?
- Se você não tiver feito um diário, apenas reflita sobre essas leituras. O que ficou guardado com você? O que é mais

importante para sua jornada pessoal? Quais palavras ou pensamentos você destacou?

- Como você se sentiu desafiado pela ideia de discernimento espiritual?
- Como você buscou ou praticou o discernimento em sua vida cotidiana?
- Qual chamado você sente que está relacionado ao discernimento da vontade de Deus?
- O que talvez você precise abandonar ou ajustar para praticar o discernimento?

Recebendo a graça

Qual graça ou dádiva você mais quer receber de Deus, considerando o convite para o discernimento espiritual como uma porta para se aproximar do Divino?

O CAMINHO DA
DISCIPLINA

Ó Deus, tu és o meu Deus forte; eu te busco ansiosamente;
a minha alma tem sede de ti;
meu corpo te almeja,
como terra árida, exausta, sem água.
Assim, eu te contemplo no santuário,
para ver a tua força e a tua glória.
Porque a tua graça é melhor do que a vida;
os meus lábios te louvam.

SALMOS 63:1-3

À medida que viajamos por essa jornada de aprender a ouvir o que nossa alma diz, podemos ansiar por novas expressões e práticas que nos permitam nos aproximar de Deus. O salmo 63 identifica diversas formas de disciplina que nos ensinam a reconhecer e nomear o clamor do nosso coração: contemplar Deus, dar testemunho de Deus no trabalho e lhe render louvor. Essas práticas nos convidam a mergulhar mais fundo no caminho sagrado do nosso interior.

Quando consideramos o caminho da disciplina, é importante lembrar o que é e o que não é *disciplina*. Podemos associar a *disciplina* a ser um *discípulo*. A disciplina espiritual é o trabalho que somos chamados a fazer como discípulos de Cristo. A disciplina espiritual não consiste nos meios pelos quais capturamos a atenção de Deus. Deus é todo olhos e ouvidos para nós muito antes de aprendermos a responder a Ele. A disciplina espiritual também não é o trabalho que fazemos para nosso próprio crescimento. Somente Deus provoca transformação e crescimento espiritual. Disciplina espiritual é o caminho sagrado que nos coloca em uma postura de receptividade. Ela prepara nossa alma sedenta para o Deus vivo.

Deus constantemente nos revela coisas e nos convida a explorar facetas de nós mesmos e de nossa fé que inspirarão a um discipulado mais forte. A disciplina espiritual nos leva a oferecer um "sim" sagrado para o que Deus nos oferece. Deus já pavimentou e preparou o caminho à nossa frente; tudo o que precisamos fazer é caminhar por ele.

Assim, em oração ou em louvor, na quietude ou em meio à agitação, no trabalho ou no descanso, nós caminhamos pelo caminho sagrado da disciplina espiritual.

1. A falta da adoração

Recentemente, percebi que eu estava sentindo falta da adoração. Mesmo quando expressei esse pensamento em meu diário, fiquei pensando no que exatamente eu queria dizer com isso. Eu só sabia que, na igreja ou em minhas manhãs em silêncio, reclusa em oração, de alguma forma eu me sentia distraída ou distante de Deus. Lembrava como era a sensação da adoração, mas, de algum modo, algo tinha mudado dentro de mim. Quer adoremos em comunidade, quer sozinhos, quer prefiramos o silêncio, quer a música, quer escolhamos uma imponente catedral de pedra, quer um templo que seja obra da natureza, todos adoramos. É parte do que define a experiência humana. Mas o que há no centro da adoração?

Quando explorei a ideia da adoração, entendi que tinha perdido meu foco na adoração a Deus em minha vida cotidiana. Acredito que minhas experiências e interações ordinárias são o solo sagrado onde Deus se revela. Mas adoração não consiste apenas no que recebo de Deus. Vai além de evocar uma sensação espiritual ou uma emoção efêmera. Adoração é algo que ofereço a Deus quando realinho meu coração, mente e espírito para me concentrar em quem Deus é.

Quando adoro, me despojo da minha autossuficiência e abraço o fato de que Deus é a fonte de toda a vida. Liberto-me da ideia de que o mundo — ou meu trabalho, ou minha família — depende da minha disponibilidade 24 horas por dia, sete dias por semana, sempre pronta para receber uma mensagem de texto ou atender uma ligação e responder imediatamente a todas as demandas. A adoração desfaz minha presunção de que minha contribuição e minha produção para o mundo estão conectadas ao meu valor. Apenas em Deus repousa minha identidade. Assim, enquanto Deus está sempre nos buscando e se comunicando conosco, a adoração nos permite buscar a Deus e nos comunicarmos com Ele. Dirigimos nosso coração para Deus a fim de conhecer e honrar o Divino entre nós.

O salmo 63 nos convida a erguer os olhos para Deus no santuário, contemplando o poder e a glória d'Ele. Como fazemos isso? O santuário certamente evoca o local de encontro do povo de Deus, mas também sabemos que nossa alma é o Seu templo e morada. Somos chamados a contemplar a presença de Deus dentro de nós. Toda a criação revela Sua glória. Vemos Deus na divina delicadeza de um pequeno pardal, assim como nos majestosos cânions ou nas antigas florestas profundamente enraizadas. A glória de Deus se revela nas realidades fascinantes desta vida e deste mundo — dos detalhes de como o corpo orquestra a vida às infinitas variedades na fauna e na flora, passando pelos mistérios da interconectividade de toda a criação. O santuário de Deus é extremamente abrangente e, ao mesmo tempo, tão próximo quanto nosso fôlego seguinte.

MOMENTO DE DESCANSO

Separe uma hora ou um dia inteiro para adorar a Deus de uma forma nova ou diferente do culto de adoração tradicional. Deixe sua adoração inspirar você a cantar, dançar, bradar, trabalhar, brincar e orar. Faça tudo isso para a glória de Deus.

2. Disciplina intencional

Todo tipo de disciplina é uma expressão de algo maior que a disciplina em si. Disciplinas financeiras representam prioridades e metas fiscais que estabeleci para mim mesma. Disciplinas físicas respondem à minha busca por saúde. E disciplinas espirituais revelam meu anseio e desejo por estar em um relacionamento com Deus. Disciplinas exigem intenção, pois dão estrutura a meus desejos e influenciam o modo como organizo minhas horas, meus dias, minha vida.

Enxergar a disciplina espiritual como um método ou programa específico para conhecer a Deus foge do objetivo. Não estou dizendo que não devemos nos dedicar a uma prática de oração ou meditação ou leitura devocional. Todas essas tentativas de nos conectarmos com o Divino já expressam nosso desejo de fazê-lo, e isso por si só já alegra a Deus. Mas podemos enxergar a disciplina espiritual não em termos de quão bem a praticamos, ou em quão bem-sucedidos nos sentimos, e sim em oferecer tempo e espaço para render coração, mente, corpo e espírito ao divino amor.

Essa oferta não é um modo de obter a atenção de Deus, mas sim um portal para a alma que reconhece que Ele já está presente e agindo. Reconhece a necessidade e o desejo de sermos conduzidos por um amor que não podemos criar por conta própria. Treina a alma para reconhecer a voz de Deus, para considerar tudo que na vida se relaciona com Deus e para liberar tudo que possa comprometer essa conexão.

Em minha prática das disciplinas espirituais, há dias em que tudo que consigo fazer é simplesmente me apresentar para a possibilidade de uma conexão com Deus. Apresento-me como estou — cansada, distraída, preocupada, desatenta, ressentida, apressada ou compassiva —, não importa. Simplesmente me apresento. Para me apresentar, é fundamental identificar um momento e um local para fazê-lo. Não precisa ser uma sala ou um canto usado apenas para orações e leitura da Bíblia. O momento e o local podem ser uma caminhada matinal pelo bairro ou uma parada em um café movimentado. Cada um de nós pode encontrar o melhor momento e o melhor local para nos oferecermos a esse trabalho divino.

Onde quer e como quer que estejamos, estaremos presentes, dia após dia, semana após semana, até que meses se tornem anos e anos se tornem décadas de um incessante e intencional direcionamento do coração para Deus. Em certos dias, ouvimos ou sentimos os impulsos sagrados do Espírito; em outros, simplesmente reconhecemos o anseio no silêncio, que pode se assemelhar a um vazio ou a uma fome. Mas tudo o que direcionamos a Deus, seja o vazio ou a plenitude, torna-se oração e alimento para a alma.

MOMENTO DE DESCANSO

Dedique alguns minutos para meditar e registrar em seu diário as formas pelas quais você se empenhou em disciplinas espirituais no passado (oração, meditação, estudo bíblico, adoração, escrita de um diário etc.). Onde e como você se apresentou? Se não tiver um momento e um local estabelecidos, identifique um agora. Como as disciplinas espirituais trouxeram vida e aprofundaram seu desejo por Deus? Quando elas pareceram ser um fardo e um desgaste do seu tempo e energia? Como essas disciplinas fazem parte da sua vida cotidiana? Como você se sente, como parece, como soa o maior anseio ou fome por mais da vida Divina dentro de você?

3. O cuidado da alma

Nesta primavera, minhas tulipas não deram certo. "Falha no desenvolvimento", como eu chamei. Após três anos de canteiros fortes e impressionantes, neste ano elas simplesmente não tiveram as condições ideais para alcançar seu potencial. Só cresceram metade do tamanho. Algumas nem chegaram a florescer. Quando pesquisei, ouvi de outros jardineiros que tivemos chuva demais, mesmo para os padrões do Noroeste Pacífico. Minha pesquisa também me ensinou que os bulbos de tulipas de fato têm uma expectativa de vida relativamente curta. A maior parte só volta a crescer depois de dois ou três anos e, então, precisa ser substituída.

No entanto, também sei que não cuidei dos canteiros de flores como deveria. O mato do gramado próximo invadiu o canteiro das tulipas, e simplesmente não tirei um tempo para lidar com isso. O solo não foi fertilizado, e passei anos sem adicionar um novo substrato. Esquilos brincalhões adoram escavar a terra e, de vez em quando, arrancam um bulbo do canteiro de flores. Por muitas razões, não posso culpar minhas tulipas por sua falta de crescimento.

Toda essa história da vida das minhas tulipas é também a história da alma. A menos que nos dediquemos à saúde e ao crescimento da nossa alma, ouçamos nossa voz interior pedindo por nutrição, cuidemos das novas sementes que plantamos e façamos o trabalho que precisa ser feito, simplesmente não cresceremos.

As disciplinas espirituais, por si sós, não nos fazem crescer, assim como um jardineiro não pode fazer uma semente germinar. Contudo, podemos oferecer as condições para o corpo, a alma e o espírito, da mesma forma que um jardineiro pode oferecer as condições para o jardim, proporcionando um espaço seguro onde o crescimento tenha oportunidade de acontecer. Somos os guardiões da vida que nos foi dada por Deus. Há momentos em que o corpo talvez exija mais descanso ou mais atividade física. A mente pode exigir o abandono de velhos hábitos ou a expansão de padrões de pensamento. O espírito pode requerer um tempo de silêncio, de meditação ou de expressão criativa por meio de música, arte ou literatura. Quanto mais prestarmos atenção nas condições de nosso ser, mais cresceremos.

O cuidado é contínuo, e pode ser difícil enxergar nosso progresso gradual, nosso lento crescimento. Porém, às vezes, o que acontece quando se alcança uma disciplina espiritual é transformador. Nesses momentos, a fé se torna clareza de propósito, os pensamentos se tornam ações, sofrimento ou júbilo levam a uma paz bem-vinda, o caos se dispersa, deixando sabedoria para o caminho que se estende à frente. Então, sei que estive na morada de Deus em meu próprio corpo, mente e espírito. "Pois esta palavra está mui perto de ti, na tua boca e no teu coração, para a cumprires" (Dt 30:14).

MOMENTO DE DESCANSO

Em seu diário, escreva a palavra Corpo no topo da página. Desça um terço da página e escreva Mente. Desça outro terço e escreva a palavra Espírito. Entre cada um desses títulos, escreva palavras ou frases relacionadas às disciplinas que você vem praticando em cada uma dessas áreas da vida. Corpo pode abranger tanto seu corpo físico como seu ambiente físico, posses, finanças etc. Mente compreende sua saúde intelectual, crescimento, aprendizado e o que você usa para alimentar sua mente. E Espírito inclui sua saúde emocional, relacionamentos e práticas de fé.

Pense em qual área da sua vida você sente que anseia por nutrição ou apoio. Em quais áreas você se sente emperrado ou travado? Quais hábitos espirituais precisam ser substituídos ou renovados? O que parece revigorante para sua alma hoje? Como isso poderia ser traduzido em uma prática ou disciplina regular para manter seu corpo, mente e espírito saudáveis e centrados no amor de Deus?

4. Lutar com a gratidão

Ser grato parece tão comum, tão simples, tão básico para a espiritualidade que nem mesmo precisa ser mencionado, mas... precisa, sim. A gratidão pode se esvair facilmente e ser substituída pela tentação de resmungar. Os israelitas deixaram a gratidão se esvair em sua viagem pelo deserto. Em vez de permanecerem gratos por terem sido libertos da escravidão, eles reclamaram de suas condições para Moisés e Arão. Queriam voltar para o Egito ou entrar na Terra Prometida antes que fosse chegada a hora.

Recentemente, percebi que um espírito de murmuração tinha se infiltrado na minha vida. É um intruso bastante sutil. Parecia que, onde quer que eu estivesse, estava mentalmente — se não verbalmente — sempre avaliando como um local, um negócio ou uma cidade inteira poderia melhorar na aparência, no funcionamento ou nos resultados. Eu estava sempre à procura de móveis melhores para a minha casa, de louças melhores para a minha cozinha. Programas de televisão que mostram reformas de casas e aplicativos de imóveis alimentavam meu espírito reclamador, porque eu comparava o que possuía com o que os outros haviam conseguido para sua própria vida. Minha caça pelo "melhor" era uma forma sutil de reclamar porque o que eu tinha não era o bastante. Isso é feito do espírito de descontentamento.

Para ser honesta, as reclamações vêm com facilidade, especialmente quando estou no meu local de trabalho. Muitas vezes oro para que Deus coloque uma trava na minha boca e em meus lábios, para que eu não seja sugada pelo sombrio caminho de reclamar de um chefe ou de um colega ou da quantidade de serviço.

A gratidão precisa ser praticada até que se torne um hábito que molde meu coração e se torne minha primeira resposta natural. Não é algo que se adicione a uma lista de disciplinas espirituais. É o centro de todas as disciplinas. É o que ancora quem somos em relação a Deus. Até mesmo os salmos de lamento são, na verdade, fundamentados na gratidão pela fidelidade e proximidade de Deus em nossas vidas.

Neste momento, sou grata pela tecnologia que me permite escrever estas palavras e espalhá-las pelo mundo em um pequeno gesto de agradecimento pela fidelidade de Deus. Sou grata pelo canto matinal dos pássaros; pelas manhãs frescas; pelo chão coberto pela glória das flores — violetas, margaridas e hortênsias — que vejo da minha janela; e pelo meu trabalho desafiador que espera por mim hoje. Senhor, dai-me um coração grato.

MOMENTO DE DESCANSO

Ao longo do dia de hoje ou desta semana, repare em toda vez que estiver reclamando. Anote no seu bloco de notas ou diário. No fim da semana, reflita sobre o quanto ter consciência desse comportamento ou hábito impactou você. Como seria possível incorporar a gratidão como uma disciplina regular em substituição à murmuração? Onde você reconheceu a fidelidade de Deus? Ou ela pareceu não estar presente durante esses dias? Apesar das dificuldades que possa estar enfrentando, por quais coisas simples da sua vida você é grato hoje?

5. Complicar a espiritualidade

Todas as disciplinas nos convidam à atenção sagrada por meio do corpo, da mente e do espírito, independentemente de escolhermos dedicar uma hora de devoção em silêncio, meditar nas escrituras, fazer uma leitura devocional diária ou sair para servir aos pobres. Mas podemos complicar demais nossas disciplinas espirituais, transformando-as em estruturas que acabam se tornando capatazes. Acabamos acumulando disciplinas, pensando que, se um pouco é bom, quanto mais, melhor. Ainda que, depois de um tempo, nossa prática acabe parecendo nada além de um fardo.

A complicação exagerada da espiritualidade se deve, em parte, à imensa facilidade de acesso que temos a uma gama infinita de recursos nas mais variadas formas. Podemos ficar desnorteados diante de tantas possibilidades. Facilmente nos confundimos quando tentamos determinar a melhor escolha, a melhor causa e a melhor resposta para nossa alma perturbada. Temos o potencial de sucumbir a uma sobrecarga espiritual, gerando um excesso de informações que nos atraem para novas práticas e perspectivas e, como resultado, acabamos nos afastando da vida com Deus e da simples presença do amor divino.

Não é fácil se despir até a alma, "que nada levassem para o caminho" (Mc 6:8), conforme Jesus instruiu seus discípulos que deveriam sair e espalhar as boas-novas em pessoa. Os mesmos alicerces que usamos para guiar nossa vida espiritual podem se tornar as barreiras que nos impedirão se perdermos de vista o Doador de tudo. Na verdade, tudo o que precisamos é de um espírito disposto e de um ouvido atento. Podemos nos sentir vulneráveis se deixarmos de lado nossos diários, nossas ferramentas artísticas, nossos tapetes de oração, nossos livros devocionais (até mesmo este!) e todas as demais ferramentas de que lançamos mão para o cuidado da alma. Ainda assim, nessa vulnerabilidade nos tornamos dependentes única e simplesmente da graça de Deus para nos conduzir e nos preencher. E esta é uma bela posição para se estar.

A simplicidade é fundamental para todas as práticas espirituais. Para Marta, a irmã sobrecarregada e ressentida de Maria, Jesus diz: "pouco é necessário ou mesmo uma só coisa" (Lc 10:42). Ele nunca diz explicitamente o que é essa coisa, e também não diz que essa coisa é a única possível, mas aponta para o foco simples e singelo de Maria — sentar-se aos seus pés e ouvir — como um exemplo de uma melhor forma de ser. Seja oferecendo hospitalidade, meditando nas escrituras ou em qualquer outra prática espiritual, só há realmente uma coisa necessária para estar ao lado de Jesus: uma atenção disposta a Deus. E isso se revela de forma única para cada alma humana, quer estejamos ocupados servindo a alguém, quer estejamos quietos no silêncio.

MOMENTO DE DESCANSO

Como andam suas práticas espirituais hoje? Elas se tornaram complicadas demais, muito árduas ou áridas? Quais "rituais" você precisa deixar de lado por um tempo a fim de poder se abrir mais livremente a movimentação do Espírito? Qual é a "coisa" sobre a qual Deus está lhe convidando a refletir hoje?

6. Vigiar e orar

Quando Jesus pelejou para discernir seu próprio caminho no jardim do Getsêmani, ele pediu aos seus discípulos que praticassem outra disciplina espiritual: vigiar e orar. E como estava tarde e a escuridão caía sobre eles, Jesus também pediu que permanecessem acordados, juntos, e travassem com ele a batalha espiritual contra a vontade própria. Talvez tenha parecido um pedido simples, especialmente porque devem ter visto o tormento estampado no rosto de Jesus. Ainda assim, eles sucumbiram e se entregaram ao sono. Jesus declara: "O espírito, na verdade, está pronto, mas a carne é fraca" (Mt 26:41).

Vigiar, orar e permanecer acordado nos convida a testemunhar as necessidades e a vida do outro. E, quando testemunhamos a jornada do próximo, é difícil saber como reagir a ela ou até mesmo como orar por ela, então ficamos tentados a deixá-la de lado e nos dirigirmos a nossas próprias necessidades de conforto, descanso ou alimentação.

Para vigiar e orar, temos que adentrar um lugar potencialmente desconfortável em benefício do próximo, assim como Jesus pede aos discípulos que permaneçam ao lado dele. Pode significar sentar-se ao lado de um leito de morte ou ouvir um problema pessoal — uma escuta atenta e profunda, sem se preocupar em como responder ou resolver uma situação ou resgatar alguém de sua dor e sofrimento. Ou pode ser algo tão simples quando resistir à vontade de mudar o assunto para algo mais agradável. Quando permanecemos ao lado daqueles que choram — não apenas no momento imediato de sua perda, mas um mês, um ano, uma vida inteira depois —, permanecemos acordados ao lado deles. Vigiamos e oramos.

Ao permanecermos acordados com o outro e darmos testemunho de sua vida, nos tornamos os olhos, os ouvidos e as mãos do conforto divino; e, quando confortamos o outro, confortamos o coração de Jesus.

MOMENTO DE DESCANSO

Enquanto você vigia e ora e permanece acordado com Jesus, em qual parte do seu mundo percebe sofrimento? Pode ser tão próximo quanto um membro do seu lar ou pode ser o sofrimento do mundo que parte seu coração. Como seria se, em vez de ignorar a dor ou correr dela, você se sentasse com Jesus e o ouvisse orar junto com você? Qual convite específico você sente em sua alma a respeito desse sofrimento? É uma mudança na forma como está reagindo? É um convite para buscar mais formas de se envolver na ajuda a um grupo marginalizado? Repare se há alguma tensão ou luta interna quanto a permanecer ao lado de alguém em sofrimento. Leve essa tensão para Jesus e continue ouvindo o Espírito. Qual palavra (ou quais palavras) falam de conforto ou de compaixão quando você está nesta posição de desconforto?

7. Conversa da alma

Para reflexão pessoal, diálogo de direção espiritual, discussões em pequenos grupos ou em retiro

Lectio Divina: Salmos 63:1–6

Lenta e devotadamente, leia em voz alta a passagem da escritura acima, que descreve o desejo do salmista por Deus. Busque uma palavra ou frase que ressoe ou capture a atenção do seu coração. Guarde essa palavra ou frase dentro de você durante um minuto de silêncio. Leia os versículos mais uma vez, com atenção, buscando uma conexão mais profunda, um chamado ou orientação relacionado à palavra ou frase. O que Deus está dizendo a você por meio da passagem da escritura nesse momento e nesse lugar?

Após outro período de silêncio, anote em seu diário o que você recebeu, ouviu ou desejou. Se estiver em grupo, compartilhe brevemente a palavra e suas reflexões a partir dessa leitura com outra pessoa, ouvindo sem fazer comentários e sem dar conselhos ou até mesmo validação. Apenas guarde as palavras divinas recebidas em um silêncio seguro e acolhedor.

O caminho interior da disciplina

- Se você tiver registrado cada uma das seis leituras em seu diário, volte e revise os registros. Qual é o fio condutor de seus pensamentos? Qual é o assunto que prevalece em suas reflexões? Como esse fio pode ser tecido em uma oração?
- Se você não tiver feito um diário, apenas reflita sobre essas leituras. O que ficou guardado com você? O que é mais im-

portante para sua jornada pessoal? Quais palavras ou pensamentos você destacou?

- Como você se sentiu desafiado pela prática de disciplina espiritual?
- De que modo a disciplina espiritual foi revigorante para você?
- Qual chamado você sente que está relacionado às disciplinas espirituais?
- O que talvez você precise abandonar ou ajustar em sua prática espiritual?

Recebendo a graça

Qual graça ou dádiva você mais quer receber de Deus, considerando o convite para a disciplina espiritual como uma porta para se aproximar do Divino?

O CAMINHO DA
PERMANÊNCIA

Quão amáveis são os teus tabernáculos,
Senhor dos Exércitos!
A minha alma suspira e desfalece
pelos átrios do Senhor;
o meu coração e a minha carne exultam
pelo Deus vivo!

SALMOS 84:1-2

Em nossa jornada interior, conhecemos o desejo da alma de viver na morada de Deus: um lugar onde nosso espírito se sente à vontade, sem amarras, seguro e em paz. A palavra "lar" evoca uma sensação confortável de pertencimento, de enraizamento da alma, mas o que permanece é um anseio que pode se assemelhar à saudade de casa ou como se algo estivesse faltando. O que pode evoluir para um luto pela ausência do toque físico de Deus.

Às vezes, podemos adentrar um "espaço tênue", onde o véu metafórico entre o céu e a terra se torna mais transparente e onde podemos ver ou experimentar com mais clareza essa morada eterna dentro de nossa alma. Sentimos que finalmente estamos em casa e ansiamos por permanecer e descansar ali. À medida que entramos nesse lugar de profundo mistério do amor que excede toda a imaginação humana, podemos descobrir o conforto divino ou a imensa sabedoria da graça abundante de Deus. Esses espaços tênues geralmente são apenas um vislumbre temporário da morada eterna, dado para ministrar ao nosso coração mesmo enquanto habitamos um mundo banal onde vivemos nossos dias ordinários.

E é aqui, na rotina diária da vida, onde praticamos conhecer a Deus, que mora tão perto, ao alcance da nossa mão, que falhamos em vê-lo, porque está tão próximo e tão presente quanto a respiração. Um simples pensamento direcionado a Deus se torna uma conexão com esse lugar de permanência, assim como um simples olhar para a pessoa amada do outro lado da sala convida para uma conexão íntima e familiar.

O anseio e a conexão com o Divino podem acontecer em um momento de silêncio, quando nos lembramos de fazer uma pausa e prestar atenção, ou pode nos surpreender e se revelar no meio de um escritório mergulhado em estresse, com você sentado de frente para uma tela de computador. Às vezes, temos essa experiência no momento de comunhão com adoradores semelhantes a nós em uma manhã de domingo.

Independentemente de como sentimos a presença de Deus — em uma experiência momentânea no "espaço tênue" ou em um momento silencioso de consciência no caminho da permanência —, sempre recebemos o convite de Deus, que nos acolhe em sua graça gentil e calorosa, fazendo de nossa alma sua casa.

1. Comigo permanece

No inverno passado, acordei com o antigo hino "Abide with Me" [Comigo permanece] tocando em minha cabeça. Ou talvez eu devesse dizer que o hino se alojou não só na minha cabeça, mas também no meu coração, obrigando-me a prestar atenção nele. E bem quando pensei que já tinha seguido seu curso e me deixado, ele voltou. Até mesmo em um episódio recente de uma das minhas séries favoritas, *Father Brown*, a canção inteira passou pela minha mente! Os versos desse hino me fascinam:

> Rápido cai o anoitecer; adensa-se a escuridão; ó Senhor, comigo permanece...
> Socorro dos desamparados, comigo permanece...
> Tu que nunca mudaste, comigo permanece...
> As dores não mais pesam, as lágrimas não mais amargam...
> Posso triunfar, se Tu comigo permaneces...[2]

Paro para escutar com mais atenção, para dar espaço para o que parece ser uma oração, pedindo a Jesus que permaneça comigo, que fique comigo, assim como os discípulos pediram na estrada para Emaús: "Fica conosco, porque é tarde, e o dia já declina" (Lc 24:29). Sou atraída para essa oração porque ela não foca em como eu poderia ou deveria permanecer com Jesus (embora ele peça que eu o faça); não há nada que eu deva fazer para merecer a presença de Cristo ou a graça de conhecer a Deus. Em vez disso, a mensagem é que Jesus vem até mim e permanece comigo mesmo quando falho em reconhecê-lo. Na minha vida ordinária e nas minhas fraquezas constantes, mesmo quando parece noite e a escuridão se adensa em períodos de sofrimento, Cristo permanece.

E como Jesus permanece e fica comigo em todas as coisas? Muitas vezes, quando estou em silêncio e direciono minha fé para a verdade da presença de Cristo, eu o imagino em meio aos meus pensamentos e afazeres caóticos ou no tédio das minhas tarefas diárias. Então, em vez de pedir que ele venha e convidar o Divino a entrar na minha vida, percebo que Jesus já está lá, agindo como o anfitrião, convidando-me a entrar na minha própria vida. Eu me torno a hóspede bem-vinda quando ele abre a porta de sua morada no fundo da minha alma e vai ao encontro do meu clamor: "Fica comigo. Senhor, permanece comigo."

MOMENTO DE DESCANSO

Tire um minuto para deixar este livro ou seu diário de lado. Apenas faça uma pausa para estar com Deus. Direcione seu mais profundo anseio para Deus e inicie uma conversa sobre onde você poderia usar a presença da morada de Deus em sua vida. Como você reage à ideia de Jesus morando em sua vida cotidiana? Como os versos da oração-hino "Abide with Me" falam com você hoje? Registre sua oração e o desejo do seu coração em seu diário.

2. Palavras de permanência

Palavras de vida são como um punhado de sementes espalhadas ao longo da paisagem da alma. E, quando o coração é fértil como um solo bem-preparado, essas pequenas sementes criam raízes profundas e nutrem a alma para se transformar em um ser frutífero. É realmente um milagre. As palavras nos vêm a partir do que lemos e ouvimos, ou já podem existir dentro de nós, como uma sabedoria interior que emerge. Quando leio as palavras de séculos atrás, vindas de grandes escritores, pensadores, pesquisadores e místicos, tais palavras têm o poder de inspirar, nutrir, inflamar, reavivar, fortificar e, às vezes, me transformar completamente.

Por exemplo, lembro quando li pela primeira vez as palavras de Richard Foster sobre a oração ser um diálogo onde Deus "nos convida a voltar para casa: para o lar de serenidade, paz e alegria; para o lar de amizade, companheirismo e sinceridade; para o lar de intimidade, aceitação e afirmação".[3] Essas palavras se tornaram sementes que se enraizaram e me ancoraram, fazendo-me entender e passar a explorar mais a diferença entre ter uma vida de oração e viver a própria vida como uma oração. Essas palavras me deram liberdade em minha oração e me aproximaram de uma vida mais integrada com Deus — menos o Deus lá fora e mais o Deus em mim.

Certamente as sagradas escrituras plantaram palavras de vida dentro de mim, a fim de me nutrir, me desafiar, me fortalecer e me conduzir. Na conversa entre Jesus e seus apóstolos na véspera de sua morte, Jesus fala bastante sobre permanecer ou habitar nele, como os ramos que permanecem na videira. E ele acrescenta: "Se permanecerdes em mim, e as *minhas palavras* permanecerem em vós, pedireis o que quiserdes, e vos será feito" (Jo 15:7; grifo nosso). Paulo nos lembra dessa verdade em sua carta à Igreja: "Habite, ricamente, em vós a palavra de Cristo..." (Cl 3:16).

Já ouvi pessoas preocupadas por não lerem a Bíblia regularmente, pulando um dia aqui e outro ali, apreensivas pelo que podem estar perdendo ou precisando aprender; porém, a maioria dessas pessoas está imbuída pelas escrituras há anos. As palavras das escrituras que acabamos aprendendo e das quais podemos lembrar a qualquer momento são palavras de vida que continuam a agir em nós independentemente de termos completado um plano de leitura bíblica. A palavra é "viva, e eficaz, e mais cortante do que qualquer espada de dois gumes, e penetra até o ponto de dividir alma e espírito, juntas e medulas" (Hb 4:12).

Uma vez que recebemos as palavras das escrituras ou outras que nos levem a Deus, podemos ter a convicção de que elas permanecem e continuam ativamente a viver e a falar, conduzindo-nos a uma sabedoria mais profunda dentro da alma.

MOMENTO DE DESCANSO

Pare por alguns minutos para refletir sobre as palavras que formaram quem você é e que impactaram sua vida. Quais palavras foram ditas pelos seus pais ou professores e ficaram com você ao longo de toda a vida? Elas são palavras de vida ou sobrecarregam sua alma e precisam ser libertadas do seu monólogo interior? Como elas continuam a ressoar em você mesmo que as tenha ouvido muito tempo atrás? Escreva a seguir as palavras que falam à sua alma e que sua alma fala a você. Agradeça a Deus pelas palavras de vida que permanecem em você.

3. Permanecer em oração

Muitos anos atrás, escrevi um livro sobre oração intitulado *Weaving a Life of Prayer* [Tecendo uma vida de oração]. Parecia audacioso contribuir para a conversa sobre oração. O paradoxo da oração é que se trata de uma experiência incrivelmente individual e, ainda assim, universal. Toda pessoa disposta a compartilhar sua vida de oração pode expressar um ato sagrado diferente de comunicação com o Divino. A forma como cada um de nós se aproxima de Deus é única. Deus se conecta conosco individualmente, como se fôssemos os primeiros e únicos seres que foram ou serão criados. Ninguém tem o mesmo tipo de experiência com Deus. Cada experiência é única.

Alguns dão o nome "oração" ao ato de vigiar e esperar; outros a chamam de atenção plena. Alguns oram em silêncio, na calmaria, na espera ou simplesmente escutam. Outros preferem a oração centrante, a oração de intercessão ou um simples pedido de socorro. Com o coração humilde, mãos estendidas ou joelhos dobrados, a oração em suas muitas formas e vozes alegra aquele a quem oramos. Independentemente de nossa prática pessoal, todos parecemos ansiar por mais em nossas orações. Esse é um assunto que frequentemente surge em conversas de direção espiritual. E este é o anseio da alma descrito em Salmos 84: o anseio pela morada de Deus, pelo lugar de permanência.

Assim, nossa conversa geralmente começa pelo reconhecimento de que esse anseio em si é a própria oração. Gosto de imaginar que nosso anseio por Deus ou por mais na oração é, na verdade, um reflexo do anseio de Deus por nós. O Espírito planta esse anseio no coração que nos compele a acolher o Divino, a descansar nas sagradas escrituras, a ficar à vontade na presença amorosa que nos cerca eternamente a cada dia. Seja expressa em nosso anseio em conhecer a Deus, no reconhecimento consciente de nossa respiração ou no ritmo das batidas do coração, nossa oração acontece mais naturalmente do que imaginamos. Tudo o que precisamos fazer é relaxar e permanecer imersos no fluxo da conversa divina na qual já estamos mergulhados.

MOMENTO DE DESCANSO

Marque três minutos no relógio e não faça nada além de prestar atenção em sua respiração. Concentre sua respiração na amorosa Presença Divina que cerca e habita em você. Qual é o anseio do seu coração enquanto respira em um ato de oração? O que quer dizer a Deus a respeito do que necessita em sua vida de oração? Para o que Deus pode estar convidando você em oração? Explore esse convite em seu diário.

4. Permanecer junto

Um compromisso devotado em conhecer a Deus, a si mesmo e aos outros requer o que Eugene Peterson chamou de "uma longa obediência na mesma direção" em seu livro de mesmo título. Gosto dessa frase porque ela fala de permanência. Nossa jornada de vida com Deus nunca acaba e está sempre começando. É o Alfa e o Ômega do Cristo eterno que orquestra as transformações da fé, momento a momento, dia a dia. E é a obra do Espírito permanentemente dentro de nós que continua nos guiando nesse caminho sagrado.

A vida espiritual pode ser individual, mas é uma caminhada que nunca fazemos sozinhos. Deus está sempre nos convidando a caminhar com outros. Na tradição celta, a pessoa de confiança que atravessa o caminho espiritual com outra é chamada *anam cara*, ou "amigo da alma", alguém com quem você compartilha seu ser interior, seus pensamentos e seu coração; alguém que ouve sem julgamentos e recebe você com o acolhimento da graça.

Para mim, o compromisso regular de permanecer com os outros assumiu muitas formas. Tenho um grupo de mulheres que eu considero minhas *anam cara*. Compartilhamos uma amizade sagrada, mesmo que não nos vejamos regularmente. Também permaneço em uma comunidade de fé onde, embora eu não conheça profundamente a todos, compartilhamos o compromisso de praticar nossas expressões de fé juntos em adoração. Também costumo fazer parte de um pequeno grupo dentro dessa comunidade onde juntos podemos explorar mais profundamente nossa jornada e aprender uns com os outros. E, finalmente, há quase duas décadas tenho reuniões mensais individuais com um guia espiritual que me ajuda a me sintonizar com os chamados de Deus na minha vida cotidiana.

Permanecer juntos nos convida a devotar nossa vida a essa longa obediência e ao lento trabalho de conhecer a Deus e a nós mesmos, ainda que não percebamos progresso. Trata-se de construir uma história espiritual em conjunto ao longo de semanas, meses e anos. Prestar atenção nas constantes misericórdias e na fidelidade de Deus nunca é demais. Cuidar do que é Sagrado por meio de hábitos regulares de permanência com o outro pode transformar completamente uma vida não somente hoje, mas também quando for estabelecido um novo caminho amanhã.

MOMENTO DE DESCANSO

Faça uma lista de todas as pessoas que são fiéis a você e à sua jornada espiritual. O que essa lista revela sobre o que você tem e o que precisa para ter uma amizade de alma que permaneça ao seu lado? E de que forma você é esse amigo fiel que permanece com o outro? Agradeça a Deus por aqueles que cruzaram com você no caminho da vida. Do que você precisa ou pelo que anseia para aprofundar sua habilidade de permanecer com Deus, consigo mesmo e com o próximo?

5. Permanecer nos dias comuns

Ontem fiz biscoitos de aveia com gotas de chocolate. Esvaziei a lavadora de louça e a enchi de novo. Saí com meu marido para comprar novas caleiras. Observei meu calendário para planejar as tarefas da semana seguinte. Respondi e-mails e chequei meus perfis nas redes sociais. Cuidei de uma planta dentro de casa. Preparei o jantar. Vi um pouco de televisão. Caí na cama tão cansada que já estava no sétimo sono minutos depois de minha cabeça ter encostado no travesseiro.

A vida comum define a maioria dos nossos dias. E, no meio de tudo isso, às vezes me pergunto: *É isso? Esse é o máximo de propósito que minha vida terá? E onde está Deus nessa existência mundana?* Ainda assim, quando olho para trás, reflito e faço orações de agradecimento, reconheço que o comum se torna sagrado à medida que reconheço e tomo consciência da santidade que existe em compartilhar uma refeição, no aroma de biscoitos que acabaram de sair do forno, nas interações com a natureza e até nos locais e momentos em que descanso.

Os momentos de "solo sagrado" encontrados nas escrituras sempre surgem no cotidiano. Até mesmo Moisés estava no meio de um dia comum de trabalho para seu sogro quando deparou com a sarça ardente. A experiência de conversão de Paulo com a luz ofuscante aconteceu em um deslocamento a trabalho. O milagre de alimentar cinco mil pessoas veio do almoço de uma criança. E a cura de Bartimeu se deu quando ele estava sentado à beira da estrada. Tudo isso soa familiar porque nenhuma dessas histórias está longe demais da nossa própria realidade, e isso me traz esperança.

Conhecer intimamente a Deus na vida diária é realmente a única forma de conhecer a Deus, porque a vida não é nada senão comum. Cada um de nós deve buscar a presença de Deus no dia a dia. Somos chamados a acolher nossa vida como uma oração, a considerar os desejos de nosso coração, a discernir o que Deus está dizendo por meio deles, e direcioná-los a Deus, para que os use como instrumentos de transformação do coração, da mente e da alma. Que nossa vida comum de arrumar a cama, fazer pão e trabalhar seja o solo sagrado onde permanecemos debaixo da luz divina a cada dia.

MOMENTO DE DESCANSO

No fim do dia, faça uma lista de todas as coisas comuns que você fez. A lista pode ser longa: fazer o café da manhã, tomar um banho, deixar as crianças na escola, ir ao supermercado, se deslocar para o trabalho, dar uma caminhada. Então, escolha uma ou duas dessas coisas comuns e medite a respeito delas. Concentre seus sentidos para que ajudem você a lembrar o que viu, sentiu, ouviu, cheirou e provou. Reflita sobre a riqueza desses momentos comuns e identifique como Deus encontrou você ou como Ele lhe convida agora a ter mais consciência de tais momentos. Como a prática de prestar atenção nos momentos comuns do dia podem fazer a diferença na sua vida?

6. Permanecer em Cristo

"E logo, aproximando-se de Jesus, lhe disse: 'Salve, Mestre!' E o beijou. Jesus, porém, lhe disse: 'Amigo, para que vieste?' Nisto, aproximando-se eles, deitaram as mãos em Jesus e o prenderam" (Mt 26:49–50).

Chocante. Como alguém que viveu de forma tão próxima e íntima com Jesus por anos pôde se rebaixar tanto a ponto de traí-lo em troca de algumas poucas moedas de prata? Ficaríamos menos chocados se um dos inimigos de Jesus, como um fariseu ou um guarda romano, finalmente tivesse conseguido cumprir seu plano e prendido Jesus ou o apedrejado nas ruas, como tentaram fazer em mais de uma ocasião. Nesse caso, não haveria uma traição, mas sim uma jogada do poder político.

Ainda mais chocante é o fato de Jesus chamar Judas de "amigo" bem no momento da traição. A traição acontece quando uma confiança é quebrada, quando o que era oferecido é abandonado. Judas abandonou seu amor por Jesus, mas Jesus nunca abandonou seu amor por Judas. Horas antes, no cenáculo, Jesus sabia que Judas logo iria sair para mais tarde voltar e traí-lo, e ainda assim o recebeu à mesa, lavou seus pés e lhe serviu pão e vinho junto com os outros. Jesus permaneceu com Judas até o fim. A amizade não foi esquecida ou substituída por rancor ou ressentimento pela traição.

Jesus vive plenamente na vontade Divina que tanto ama este mundo, mesmo quando damos as costas para seu amor. Ele vai até cada extremo para continuar permanecendo ao nosso lado em nome desse amor. Ele chegou até mesmo a dar sua própria vida para que pudéssemos viver e vir a permanecer nesse amor.

MOMENTO DE DESCANSO

Quando você medita nessa graça original que nunca desampara, como reage? Quando testemunhou ou experimentou esse tipo de graça e bondade que permanece a despeito da ação ou da mágoa causada pelo outro? Você já teve a oportunidade de permanecer com alguém que o mundo diria que não merece tal bondade? Como esse dom de permanecer poderia contribuir para as pessoas que fazem parte da sua vida e para a sua comunidade? Existem limites para como e quando você se sente impelido a permanecer ou ficar ao lado do outro e quando é preciso abandonar uma situação ou uma pessoa?

7. Conversa da alma

Para reflexão pessoal, diálogo de direção espiritual, discussões em pequenos grupos ou em retiro

Lectio Divina: Salmos 84

Lenta e devotadamente, leia em voz alta o Salmo 84 inteiro, que inicia com o anseio da alma pelo lugar onde o Senhor habita ou permanece. Busque uma palavra ou frase que ressoe em você ou capture a atenção do seu coração. Guarde essa palavra ou frase dentro de você durante um minuto de silêncio. Leia o capítulo mais uma vez, com atenção, buscando uma conexão mais profunda, um chamado ou orientação relacionado à palavra ou frase. O que Deus está dizendo a você por meio da passagem da escritura nesse momento e nesse lugar?

Após outro período de silêncio, anote em seu diário o que você recebeu, ouviu ou desejou. Se você estiver em grupo, compartilhe brevemente a palavra e suas reflexões a partir dessa leitura com outra pessoa, ouvindo sem fazer comentários e sem dar conselhos ou até mesmo validação. Apenas guarde as palavras divinas recebidas em um silêncio seguro e acolhedor.

O caminho interior da permanência

- Se você tiver registrado cada uma das seis leituras em seu diário, volte e revise os registros. Qual é o fio condutor de seus pensamentos? Qual é o assunto que prevalece em suas reflexões? Como esse fio pode ser tecido em uma oração?

- Se você não tiver feito um diário, apenas reflita sobre essas leituras. O que ficou guardado com você? O que é mais importante para sua jornada pessoal? Quais palavras ou pensamentos você destacou?
- Como você se sentiu desafiado pela ideia de permanecer com Deus?
- O que foi revigorante enquanto você lia?
- Qual chamado você está sentindo que está relacionado a permanecer com Deus?
- Como você poderia integrar a permanência em Deus à sua prática espiritual?

Recebendo a graça

Qual graça ou dádiva você mais quer receber de Deus, considerando o convite para um relacionamento de permanência mais profundo com o Divino?

O CAMINHO DO

DESERTO

No dia da minha angústia, procuro o Senhor;
erguem-se as minhas mãos durante a noite e não se cansam;
a minha alma recusa consolar-se.
Lembro-me de Deus e passo a gemer;
medito, e me desfalece o espírito.

SALMOS 77:2-3

Mesmo que tenhamos aprendido a permanecer se nos sentirmos em casa com o Divino, que estejamos confortáveis nos ritmos das nossas práticas espirituais e que tenhamos encontrado um propósito de vida, podemos de repente nos vermos em um deserto que nos leva a questionar se pegamos a direção errada em algum ponto do caminho. Muitas vezes, nossa primeira reação é redobrar nosso empenho nas disciplinas, mas, ainda que busquemos o Senhor em oração, podemos não receber uma resposta. Meditamos na Palavra, mas nosso espírito desfalece por falta de nutrição, e podemos começar a nos perguntar o que é verdade e o que é mentira no que diz respeito à fé.

Nessa etapa da viagem, o questionar e o vagar são como dois estrangeiros indesejados no caminho do deserto, mas, em vez de olhar para eles com os olhos do ceticismo, parece que o Espírito os convida a se juntar à viagem. Quando os encaramos e os convidamos a ficar conosco, em vez de fugir deles ou ignorá-los, eles podem acabar nos conduzindo a mistérios mais profundos da fé que no início poderiam parecer áridos.

No fim, descobrimos que, seja em campos férteis, seja em desertos áridos, Deus está ali, transformando "o deserto em açudes de águas e a terra seca, em mananciais" (Is 41:18). Então, aprendemos a dançar no deserto e a acolher esse lugar de aridez de braços abertos.

1. Olhar além, olhar para baixo

Na maior parte da nossa vida, vivemos na superfície. De certa forma, é como nos conectamos. Construímos um lar, fazemos nossas refeições, dormimos, trabalhamos, vemos televisão, respondemos e-mails, damos caminhadas e levamos as crianças à escolinha de futebol sem dar muita atenção a nada disso. Operamos no piloto automático para dar conta dessas tarefas diárias. E muitas vezes conseguimos encontrar alegria na rotina, conforto no ordinário. Ainda assim, há épocas em que a maior parte das tarefas comuns começam a parecer secas de significado e nos causam uma fome por mais, por algo em que possamos nos aprofundar, algo que possamos desfrutar e saborear com mais intensidade, algo que possamos apontar como o sentido maior para todas as coisas.

Pense em uma árvore qualquer: aproveitamos a sombra, os frutos e a beleza que podemos ver, mas debaixo da árvore há todo um sistema que a nutre, fortalece, impulsiona e enraíza. Isso também vale para nós, na medida em que vemos e experimentamos tudo o que à vida nos oferece a cada dia. Do lado de fora, pode parecer que simplesmente estamos cumprindo nossos afazeres. Contudo, além da maior parte das rotinas mundanas, algo mais profundo está acontecendo. Se eu parar para pensar por alguns minutos, consigo reconhecer a presença de Deus. Então, olhamos de novo, além, para baixo, para cima e para dentro, em busca do solo sagrado, da sarça ardente, do texto sagrado que foi escrito na condição da vida comum.

Nossos ancestrais espirituais nos deixaram exemplos desse tipo de busca consciente em meio ao ordinário. O irmão Lawrence, um ajudante de cozinha do século XVII que serviu um grupo de monges carmelitas e cujos ensinamentos foram compilados em *A prática da presença de Deus*, viveu o sagrado em meio ao seu trabalho. "O tempo de trabalho não difere para mim do tempo de oração; e no barulho e agitação da minha cozinha, enquanto várias pessoas pedem coisas diversas ao mesmo tempo, eu estou com Deus em tanta tranquilidade quanto se estivesse de joelhos diante do abençoado Sacramento."[4]

Isso não quer dizer que todos os momentos precisam guardar um significado profundo. Não preciso refletir exageradamente sobre a minha existência. Mas uma "prática da presença de Deus" intencional me ajuda a filtrar meu dia, a reconhecer o fluxo da vida que corre debaixo de uma terra árida que me leva à gratidão genuína pelo momento e circunstância presentes, independentemente de quão desérticos, sequiosos e áridos eles pareçam. Esse é o nosso solo sagrado.

MOMENTO DE DESCANSO

De que forma suas atividades diárias comuns às vezes parecem ser um lugar deserto? Em que momento das suas rotinas diárias você tem dificuldade de reconhecer o Divino? Qual prática poderia ajudar você a olhar além, para baixo, para cima e para dentro em busca do que está acontecendo em um nível mais profundo? Em seu diário, registre suas observações e sentimentos quanto à prática da presença de Deus. O que você quer dizer a Deus a respeito disso tudo? Qual graça você gostaria de pedir ajuda a Deus?

2. Equinócio da alma

Na metade da Quaresma, acontece o equinócio de primavera,* data em que o dia e a noite têm a mesma duração. Parece um momento apropriado para fazer uma pausa, já que estamos trocando as cinzas e a escuridão pela luz e pela vida no horizonte onde a ressurreição nos espera. Partimos do foco na consciência de que do pó viemos e um dia ao pó retornaremos. Nessa ponte entre a escuridão e a luz, encontramos luz suficiente para nos manter no rumo da esperança, e escuridão suficiente para nos manter buscando a Deus de novas formas.

Verdade seja dita, a maioria dos dias são como um equinócio para mim. Sempre há muito pelo que ser grata, mas também muito a lamentar: seja a difícil situação do mundo, seja só a condição do meu próprio coração. Ainda assim, Deus vem ao meu encontro. Acho maravilhoso o fato de Deus ter criado tanto o dia como a noite, tanto a escuridão como a luz. Cada um tem um papel a desempenhar no decorrer das estações e dá ordem aos nossos dias no nascer e no pôr do sol.

As escrituras nos dizem que Deus é luz e que dentro d'Ele não há escuridão (1Jo 1:5). Ainda assim, o salmista diz também que Deus está rodeado de escuridão (Sl 97:2), às vezes oculta aos nossos olhos, às vezes um mistério, às vezes simplesmente presente conosco quando atravessamos nossas épocas particulares de dificuldade. Nada pode nos separar de Deus, nem mesmo nossos pensamentos mais perturbadores. Deus pode e quer dividir conosco nossos dias mais iluminados e nossas noites mais escuras, separando

* Isso se refere ao Hemisfério Norte. No Hemisfério Sul, na mesma data, ocorre o equinócio de outono. (N. da T.)

nossas vidas na hora certa para revelar a presença d'Ele. Deus está sempre trabalhando em nós, tão presente hoje em vida e caos quanto estava no despertar da criação e do vazio.

Nem a escuridão nem a luz são condições definitivas. Nós estamos sempre mudando, e o mundo está em constante transformação. E, mesmo que possamos chorar por um tempo na escuridão, "a alegria vem pela manhã" (Sl 30:5). Nos viramos novamente para Deus no horizonte para encontrar nosso caminho. Fixamos nosso olhar no túmulo vazio no caminho para descobrir nossa própria ressurreição.

MOMENTO DE DESCANSO

Em quais momentos você reconhece a escuridão e a luz habitando um mesmo espaço dentro da sua vida? Por alguns minutos, pense em Deus sentado ao seu lado. Qual é a sensação, a aparência, o som? Que diferença faz na sua vida ter esse conhecimento? Como você vivencia a esperança em meio à escuridão?

3. Espaço liminar

Nos últimos meses, reconheço que vivi em um espaço liminar — aquele espaço entre uma coisa e outra. Estou a poucas semanas de me aposentar de uma longa carreira na área da comunicação e, mesmo que meu corpo continue executando minhas tarefas diárias, minha cabeça e meu espírito estão focados nas oportunidades que virão nos próximos meses. Não estou inteiramente presente nem em meu trabalho diário nem em minha vida de aposentada, e estou sentindo a tensão, o jogo de forças do meu coração para cumprir o compromisso que fiz com meu local de trabalho, ao mesmo tempo que anseio por cumprir plenamente meu chamado nos anos de aposentadoria.

O espaço liminar é um espaço de espera. Muitas vezes, estar nele é como estar em lugar nenhum. E, se durar um longo tempo, pode parecer um deserto. Na espera, o desafio é estar presente no que está acontecendo, no que cada dia tem a oferecer, e viver esse ínterim integralmente. Honestamente, já cheguei a acreditar que a vida toda se passa em alguma forma de tempo liminar. Esperamos a chegada dos bebês, a mudança do rumo das coisas, a ligação de um médico com um relatório. Esperamos pelo crescimento, pelos resultados das eleições, pela morte que libera um ente querido do sofrimento. Esperamos por novas estações, pelo pouso de aviões, pela nossa vez na fila. Há um espaço liminar até mesmo no nanossegundo entre a inalação e a exalação. Transitar entre uma coisa e outra é simplesmente nosso modo de existir. E, em vez de lutar contra isso, temos a oportunidade de encontrar contentamento.

Viver no espaço liminar nos convida a estar sob o tempo *kairós*. Essa é a palavra que os gregos usavam para o tempo que ia além do *cronos*, o tempo cronológico que usamos para demarcar os segundos e os minutos. O tempo cronos pergunta: *Que horas são? Já chegamos?* São as perguntas que normalmente fazemos quando estamos em um momento de transição ou de espera. Queremos que nossa vida siga em frente. No entanto, o tempo *kairós* traz outro questionamento. Ele pergunta *para que serve esse tempo?* Há significado e propósito no tempo, no espaço liminar.

Ao fazer tais perguntas no meu próprio espaço liminar, descubro que o tempo serve para refletir com gratidão sobre tudo o que a minha carreira me proporcionou: como Deus proveu minhas necessidades por meio dela, como aprendi, cresci e construí relações significativas no meu local de trabalho. É hora de orar e abençoar meus colegas, para que continuem executando o trabalho que começamos juntos. E é hora de esperar pacientemente até que as novas temporadas da vida se revelem em sua forma e tempo únicos, acreditando que Deus preparará o caminho. Com intenção, sou capaz de identificar a presença sagrada de Deus em meu tempo liminar.

MOMENTO DE DESCANSO

Faça uma lista de todas as situações que hoje deixam você no espaço liminar. Em que área você está esperando, transicionando de uma coisa para outra? Está se esforçando para abandonar esse tempo e espaço liminares da sua vida ou está tranquilo, confiando que o tempo decorrerá naturalmente? Enquanto espera, pense no propósito desse tempo. O que essa temporada de espera está lhe ensinando sobre Deus e sobre você mesmo?

4. Tempo de deserto

Em certas fases da vida, atravessamos momentos que parecem tão secos quanto o vale de ossos secos de Ezequiel (Ez 37:1–14). A inspiração e a intimidade que uma vez experimentamos lendo as escrituras agora têm gosto de pão velho. A conexão e o crescimento antes vividos em uma comunidade de fé de repente evaporam. E orar sobre isso tem o mesmo efeito de bater à porta de uma casa vazia.

Quando me encontro no deserto, trago à mente a verdade da presença de Deus. A obra divina continua, independentemente de eu percebê-la. O Espírito se move com ou sem meu entendimento ou qualquer conexão emocional. Mesmo no que eu percebo como períodos de seca, acredito que continuo imersa, cercada e soterrada pelo amor de Deus.

Não é preciso tentar mudar como ou quando Deus talvez se aproxime ou até mesmo se revele a mim. Apresentar-me todos os dias em uma postura de espera paciente durante meus períodos no deserto é um ato de fé. Posso acreditar no tempo e na aparição do Divino à medida que se revela em mim. Enquanto paro e aguardo esse período no deserto, reflito sobre a dificuldade de estar aqui e sobre como eu quero seguir em frente. Por ora, apenas lamento a perda das emoções e da vivacidade em sentir a proximidade de Deus.

Estou aprendendo a ter um maior contentamento no silêncio de Deus, acreditando que Ele é um convite sagrado a fazer parte desse silêncio também. Aqui renovo meu compromisso de acreditar na bondade de Deus, sem precisar de um sinal ou uma prova externa. Essa bondade é plantada como uma semente na escuridão, esperando para amadurecer e crescer na alma.

Agradeço a mim mesma nesse caminho silencioso no deserto, sem nunca me menosprezar ou culpar minha falta de fé devido às condições da estrada. Diminuo meu passo. Dedico um tempo a observar, a encontrar beleza na aridez do deserto. E tomo o cuidado de não dizer que esse caminho é solitário, porque sou confortada pela companhia de muitos outros viajantes do deserto que partiram antes de mim: os santos das escrituras, como Abraão, Moisés, Rute, Elias e Jesus; e os santos que viveram ao longo dos séculos, como as Mães e os Pais do Deserto, João da Cruz e Santo Agostinho; e os santos desta geração, como Madre Teresa e incontáveis peregrinos desconhecidos que passaram por esse caminho e carregaram tochas acesas pela centelha de sabedoria e verdade que nos conduz. Juntos, aprendemos a caminhar no deserto.

MOMENTO DE DESCANSO

Nos períodos de sequidão, talvez tudo o que possamos fazer seja praticar as disciplinas espirituais mais simples, que nos protegem do sentimento de frustração ou de que não estamos nos esforçando o suficiente para atrair a atenção de Deus. Em vez disso, simplesmente preste atenção em sua respiração, lembrando que o fôlego de Deus vive em você. A presença Divina é o ar que respiramos. Nada pode ser mais próximo que a respiração, o ritmo do encher e esvaziar da vida soprada por Deus. Passe alguns minutos conectado à sua respiração, reconhecendo-a com gratidão como uma graça e dádiva suficientes por hoje.

5. Lamento, espera e pouso

Seja por notícias recentes terríveis, seja por um trauma pessoal que ainda dói, clamamos a Deus com uma tristeza inexprimível e lamentamos as perdas que recaem sobre nossa condição humana. Enquanto choramos, reconhecemos nossa incapacidade de garantir um futuro livre de dor ou mal. Podemos culpar pessoas, empresas, interesses políticos e até mesmo Deus enquanto ansiamos pela intervenção divina para que restaure nossas vidas despedaçadas.

Não temos respostas para os porquês que acompanham os soluços, mas, se permanecermos com nosso sofrimento por tempo suficiente para escutá-lo atentamente, logo percebemos que nosso lamento é muito mais que uma lamúria, muito mais que um desejo por mudança. O lamento é a voz da dor profunda pelo que está destruído em nosso mundo. Se escutarmos com ainda mais atenção, entendemos que a dor é um anseio — anseio por cura e plenitude, anseio por restauração, anseio por conforto, anseio por uma nova vida. Anseio pela terra prometida por Deus.

Quando levamos esse anseio profundo para aquele que sofre conosco e que sabe como é sentir uma dor como essa, encontramos um lugar seguro nos braços do "Deus de toda consolação" (2Cor 1:3) que ouve e guarda todos os nossos lamentos. O próprio Jesus ora em lamento na cruz quando clama: "Deus meu, Deus meu, por que me abandonaste?" (Mc 15:34). Quando apresentamos nosso lamento em oração, o apresentamos ao único que pode falar à nossa dor. Reconhecemos nosso sofrimento, mas também descansamos na fé na amorosa presença de Deus em meio aos nossos escombros.

O tipo de lamento que reúne a dor e a fé é abundante nos salmos. "Por que estás abatida, ó minha alma? Por que te perturbas dentro de mim? Espera em Deus, pois ainda o louvarei, a ele, meu auxílio e Deus meu" (Sl 42:5). "Dá-te pressa, Senhor, em responder-me; o espírito me desfalece; não me escondas a tua face [...] guie-me o teu bom Espírito por terreno plano" (Sl 143:7–10).

É possível tanto guardar nosso lamento quanto encontrar conforto no bom Espírito, que nos guia por terrenos planos. O lamento é o anseio pela terra prometida. Também é o descanso naquele que prometeu nos levar para essa terra. Podemos conhecer tanto o sofrimento quanto o descanso tendo fé naquele que nos carrega. Que nosso lamento nos conduza ao único lugar seguro de que precisamos no momento de dor.

MOMENTO DE DESCANSO

Qual dor ou lamento coletivo está atingindo sua comunidade ou o mundo hoje? Considere escrever uma oração pela cura de todos como uma forma de expressar esse sofrimento. Em qual circunstância ou situação da vida pessoal você está sofrendo? Como você tem expressado esse sofrimento para Deus? Como seu lamento revela um anseio mais profundo na sua vida?

6. Seguir à distância

Depois que Jesus foi preso, a maioria dos discípulos fugiu. Só dois ficaram. João registra que ele e Pedro seguiram Jesus até a casa do sumo-sacerdote. João é autorizado a entrar porque conhece pessoas ali dentro, mas Pedro fica no pátio, seguindo a distância. Ele vai se aquecer junto a alguns guardas ao redor de um braseiro, esperando não ser reconhecido. Mas ele é, e o interrogatório começa. "Você não conhece o sujeito que foi preso? Você não é um dos seguidores dele?" E as negações e o distanciamento dele em relação a Jesus começam.

Quando nos aquecemos sob os braseiros de outras pessoas, é difícil não nos tornarmos parecidos com elas. É a pressão social, o desejo de não correr riscos, de se encaixar e de não ser reconhecido que nos leva a dizer coisas das quais nos arrependeremos depois ou agir de formas que ficamos constrangidos em admitir. Há segurança no anonimato, onde ninguém sabe verdadeiramente no que acreditamos, onde ninguém poderá nos responsabilizar se negarmos a verdade ou até mesmo uma amizade. Nesse cenário, ninguém sai prejudicado. E partimos nosso coração, ficamos nos perguntando por que perdemos de vista nossa fé e nosso Senhor.

Enquanto os guardas levam Jesus, Pedro assiste à distância, talvez sentindo a proximidade com seu Senhor se esvaindo, pensando se a vida voltará a ser o que era antes que Jesus o convidasse para se juntar à sua caminhada. Já sentindo a ausência daquele amor forte, poderoso e generoso que Jesus derrama sobre todos que encontra, as perguntas deviam estar se multiplicando dentro dele, assim como em nós quando nos sentimos separados de Jesus e atravessamos um deserto. *Onde você está? Por que as coisas mudaram? Há algo que eu esteja fazendo, ou que deveria estar fazendo, que me impede de ouvi-lo?* Mas talvez a culpa de estarmos distantes seja nossa. Talvez simplesmente não seja conveniente seguir os passos de Jesus. Ou talvez a alegria de estar ocupado no ministério nos impeça de aquietarmos a mente e o coração e centrarmos nossa atenção no Doador da vida. E mesmo que a distância pareça real, temos que nos manter firmes na fé, porque a própria distância fala à alma e nos lembra de que nada, "nem qualquer outra criatura poderá separar-nos do amor de Deus, que está em Cristo Jesus, nosso Senhor" (Rm 8:39).

MOMENTO
DE DESCANSO

Como você descreveria seu relacionamento com Jesus? Próximo, indiferente, devotado, cético? Quais situações de sua vida impediram você de conhecer e seguir Jesus? O que Deus pode estar convidando você a considerar como formas de se aproximar de Jesus? Como expressar tudo isso em uma oração? Reflita sobre essas perguntas e escute a resposta divina e a abundante em graça dentro de sua alma.

7. Conversa da alma

Para reflexão pessoal, diálogo de direção espiritual, discussões em pequenos grupos ou em retiro

Lectio Divina: Salmos 77:1–15

Lenta e devotadamente, leia em voz alta o lamento na passagem da escritura acima e escute a voz de Deus. Busque uma palavra ou frase que ressoe em você ou capture a atenção do seu coração. Guarde essa palavra ou frase dentro de você durante um minuto de silêncio. Leia os versículos mais uma vez, com atenção, buscando uma conexão mais profunda, um chamado ou orientação relacionado a essa palavra ou frase. O que Deus está dizendo a você por meio da passagem da escritura nesse momento e nesse lugar?

Após outro período de silêncio, anote em seu diário o que você recebeu, ouviu ou desejou. Se você estiver em grupo, compartilhe brevemente a palavra e suas reflexões a partir dessa leitura com outra pessoa, ouvindo sem fazer comentários e sem dar conselhos ou até mesmo validação. Apenas guarde as palavras divinas recebidas em um silêncio seguro e acolhedor.

O caminho do deserto

- Se você tiver registrado cada uma das seis leituras em seu diário, volte e revise os registros. Qual é o fio condutor de seus pensamentos? Qual é o assunto que prevalece em suas reflexões? Como esse fio pode ser tecido em uma oração?
- Se você não tiver feito um diário, apenas reflita sobre essas leituras. O que ficou guardado com você? O que é mais

importante para sua jornada pessoal? Quais palavras ou pensamentos você destacou?

- Quão confortável você se sente expressando honestamente seu lamento para Deus?
- Qual resistência ou obstáculo afasta você de expressar seu lamento em oração?
- Em meio ao seu deserto ou lugar de transição, como você tem encontrado maneiras de direcionar seu coração e sua alma para Deus?
- Qual é a imagem que você tem de Deus nas épocas de sequidão? Como Aquele que é Santo encontra você?

Recebendo a graça

Qual graça ou dádiva você mais quer receber de Deus, considerando o caminho do deserto como uma porta de entrada para se aproximar do Divino?

O CAMINHO DA

IDENTIDADE

Eis que te comprazes na verdade no íntimo
e no recôndito me fazes conhecer a sabedoria.

SALMOS 51:6

Bem no nosso interior repousa a essência central da verdade pura da qual nossa sabedoria fala. Lá, as vozes que contam mentiras a respeito de quem somos não podem entrar. *Alma* é o nome desse ser interior, da verdade interna. Após sobreviver à viagem pelo deserto e habitar no transformador poder de Deus possibilitado pela disciplina e pelo discernimento, chegamos do outro lado sendo uma pessoa diferente — ou, talvez, uma pessoa apenas mais conectada com o núcleo de quem já era.

Aqui somos recebidos em um lugar em que chegamos mais perto do coração secreto, do verdadeiro ser sagrado onde somos livres para libertar nossos altos e baixos, para irmos além das circunstâncias e até mesmo de nossos padrões de sucesso. Descansamos, em silêncio e seguros de quem somos, sem a necessidade de defender ou explicar nosso eu divino, feito à imagem de Deus, mesmo enquanto crescemos na graça, "transformados, de glória em glória" (2Cor 3:18).

1. Encontrar o verdadeiro eu

O chamado a conhecermos a nós mesmos e vivermos a partir do nosso "verdadeiro eu" é marcado por uma vida inteira de treino para remover as máscaras atrás das quais escolhemos nos esconder. Quando eu tinha vinte e poucos anos, decidi que queria ver como era viver mais "livremente", como alguns dos meus amigos pareciam estar fazendo. Então, saí para beber, dançar e curtir com pessoas que eu não conhecia de verdade. As escolhas que fiz me eram desconfortáveis, então logo entendi que aquela não era a vida que eu queria. E, em vez de viver "livremente", minhas escolhas, na verdade, estreitaram meu mundo e me fizeram sentir sozinha e vazia. Mais uma vez procurei novas formas de redescobrir quem eu era.

Há uma passagem interessante nas escrituras que fala sobre viver uma vida autêntica. O Evangelho de João revela Jesus como o Verbo que se fez carne, e diz que ele "veio para o que era seu" (Jo 1:11). Essa passagem sempre me paralisa e me convida a meditar em seu significado em relação a Jesus e em relação à minha própria vida. O que Deus nos dá para que chamemos de *nosso* inclui o local, a família, a cultura e as comunidades que constituem o cenário em que vivemos nossos dias, mas vai além de nossa localização no GPS. Também significa que chegamos à verdade de quem somos, de como nos conectamos e da nossa autoimagem dotada por Deus no contexto de toda a criação.

É fácil falar em encontrar nosso verdadeiro eu, mas como exatamente fazemos isso? A jornada para o *verdadeiro eu* é única para cada indivíduo, mas, quando conhecemos a Deus, conhecemos a nós mesmos. Ao explorar e desvendar alguns dos mistérios do meu verdadeiro eu, percebi algumas coisas:

- Meu verdadeiro eu considera as mensagens e os valores recebidos desde o nascimento e precisa de tempo para entender se trazem vida e verdade sobre a minha vida adulta hoje.
- Meu verdadeiro eu examina a vida todos os dias para refletir e fazer perguntas. Sob qual prioridade eu vivi hoje? Onde tentei provar meu valor de forma exagerada? Como dei graças a mim mesma em uma situação difícil?
- Meu verdadeiro eu explora as identidades falsas que criei para responder aos julgamentos que outras pessoas faziam de mim como má, errada ou inapropriada.
- Meu verdadeiro eu busca a sabedoria de outras almas autênticas e dispostas, que me encorajam a viver e a amar quem sou, do jeito que sou.
- Meu verdadeiro eu não tem medo de admitir erros ou fraquezas, nem de reconhecer forças ou dons.
- Meu verdadeiro eu deixa de lado as máscaras que foram colocadas em nome do orgulho, da reputação, da autopromoção ou da autoproteção.
- Meu verdadeiro eu reconhece a sacralidade da vida em si, olhando além das dificuldades passageiras e temporárias, e acolhendo com confiança tudo que é mantido e estimado por Deus.

Buscar e conhecer nosso verdadeiro eu é uma jornada que nunca acaba e que precisa de tempo e intenção para ser explorada. Nesse processo, porém, encontramos uma liberdade maior para vivermos na graça à medida que conhecemos a Deus e a nós mesmos mais profundamente.

MOMENTO DE DESCANSO

Quando você sentiu que não estava sendo verdadeiro consigo mesmo? Como percebe que está se escondendo atrás de máscaras que você mesmo criou? Para você, o que significa "vir para o que é seu"?

2. Emoções ou circunstâncias

O trabalho de considerar a identidade da alma não é algo que fazemos uma vez e riscamos da lista para sempre. Conhecer a Deus e a si mesmo é um convite para todos os dias, horas e minutos. É um constante toma lá e dá cá, receber e liberar, acolher e deixar ir que se dá à medida que continuamente entregamos nossa vida para Deus. É identificar o que *não* constitui nossa identidade — funções, títulos, conquistas e padrões de sucesso — e o que constitui.

Nossa identidade não é baseada em circunstâncias. Claro, nossa posição no tempo e espaço do mundo impacta e forma nossa vida em certa medida, e é desse conjunto de experiências que nos oferecemos a Deus. Essas circunstâncias podem e afetam nossas emoções e nosso corpo físico. Traumas e perdas podem nos fazer sentir destruídos e derrotados, mas, como Paulo escreveu: "Em tudo somos atribulados, porém não angustiados; perplexos, porém não desanimados; [...] Por isso, não desanimamos; pelo contrário, mesmo que o nosso homem exterior se corrompa, contudo, o nosso homem interior se renova de dia em dia" (2Cor 4:8–16). Nossas circunstâncias, que sempre mudam, nunca têm a última palavra.

A identidade também não é baseada nas emoções que são afetadas pelas nossas circunstâncias. As emoções, que são uma dádiva do ser humano, oferecem-nos pistas para o que pode estar acontecendo em nossa vida, áreas nas quais estamos enfrentando dificuldades, ou áreas que nos trazem alegria. Em seu livro *Into the Silent Land* [Na terra silenciosa], Martin Laird usa a metáfora de uma montanha e do clima que a cerca para explicar que nossa identidade é separada dos nossos pensamentos, humores e emoções em constante mudança. O clima muda dia após dia, mas a montanha permanece. "Quando reconhecemos que *somos* o Monte Sião, a sagrada morada de Deus, e deixamos de sofrer com a ilusão de que somos o clima, ficamos livres para deixar a vida ser como é a todo momento. Deixamos de ser vítimas de nossos pensamentos aflitivos, mas sim sua testemunha vigilante, silenciosa e livre."[5]

Nossas circunstâncias e emoções podem mudar em um piscar de olhos ou com a lenta passagem do tempo. Elas desempenham um papel vital na jornada espiritual da existência humana e em como reconhecemos a Deus em meio a isso tudo. Mas, além de nossas próprias respostas emocionais a um conjunto de circunstâncias, também existimos em uma identidade ainda mais verdadeira dentro do coração de Deus, onde somos mantidos em segurança e podemos reivindicar que nosso verdadeiro eu foi formado "por modo assombrosamente maravilhoso" (Sl 139:14), e que "somos mais que vencedores" (Rm 8:37). E quando sabemos dessa verdade no fundo do nosso coração, "a verdade [nos] libertará" (Jo 8:32).

MOMENTO DE DESCANSO

Se você se despir de tudo – experiências, emoções e circunstâncias em constante mudança –, o que resta no seu âmago? Quando você experimentou uma verdade ou uma graça mais profunda que as circunstâncias ou os traumas com os quais você lidou na vida? Como essa verdade o libertou para seguir além das emoções ou das circunstâncias?

3. Redefinir papéis

Em um evento de negócios anos atrás, pediram que nos apresentássemos uns aos outros *sem* mencionar nossos cargos ou realizações. Todos ficamos em silêncio por alguns instantes, tentando descobrir o que poderíamos dizer. Lembro que me apresentei, na época, como uma mulher que buscava algo mais. Não tenho certeza de que essa era a minha identidade mais profunda e verdadeira, mas, por um momento, permitiu que eu fugisse da ligação típica com um trabalho, um título ou uma conquista.

A identidade afeta os papéis que aceitamos, mas esses papéis não constituem o centro do nosso eu. Isso acontece porque nossos papéis mudam constantemente. Nossa identidade vai além de ser um pai ou mãe, um cônjuge, um CEO ou gerente, ou um amigo, por mais bonitos e ordenados por Deus esses títulos sejam. A identidade deriva do caráter imutável e inalterável de Deus. Minha identidade é tecida da fibra da identidade de Deus. Se realmente acredito que sou feita à imagem de Deus, então de alguma forma reflito Deus em minha vida. Pois, como Paulo declara, "nele vivemos, e nos movemos, e existimos" (At 17:28).

Para deixar nossos papéis de lado e olhar mais para dentro, podemos começar identificando todos esses papéis e examinando como os usamos para nos impulsionar e proclamar sentido em nossa vida. É claro que amamos nossos filhos, nosso cônjuge, nossa carreira e as conexões sociais, mas há muito mais além desses papéis que informa quem somos no âmago do nosso ser. Enquanto dedica alguns minutos a refletir sobre o que esse "muito mais" pode ser para você, pense também em como o caráter de Deus é tecido em seu coração e em sua alma. Siga esse fio divino e veja aonde ele leva.

MOMENTO DE DESCANSO

Você consegue definir sua própria alma sem citar um papel que lhe foi dado? Como você se apresentaria sem usar nenhum papel que você desempenha atualmente? Qual é a sensação de deixar seus papéis de lado para conseguir alcançar o coração da sua verdadeira identidade? É desconfortável? Libertador? Ou alguma outra coisa? Escreva em seu diário as palavras que descrevem você no âmago do seu ser.

4. Realizações e produtividade

É fácil tomar nossas realizações como parte da nossa identidade. Afinal de contas, elas podem ser marcadores memoráveis que ajudam os outros a nos conhecer; mas não representam nosso ser mais profundo. Eu poderia dizer "Sou escritora", ou "Sou guia espiritual", ou "Sou formada em..." e "Estudei na universidade...", e esses seriam indícios das paixões que conduzem à minha identidade mais profunda. No entanto, assim como nossos papéis, essas pistas apenas expressam nossa identidade verdadeira, mas não são nossa identidade propriamente dita.

Nossa insistência cultural em mensurar nossas conquistas pode infligir um trauma silencioso na nossa alma, que aceitamos como a norma da existência. Testar e mensurar o conhecimento nas escolas, avaliar o crescimento de uma igreja com base no número de novos membros, indicadores-chave de desempenho nos negócios, o número de seguidores nas redes sociais e até mesmo as estatísticas e *rankings* das nossas equipes esportivas preferidas: nunca nos livramos da demanda mundial por sermos identificados pela medida das nossas atividades na vida.

É claro que a mensuração tem seu propósito e pode nos ajudar a nos manter no rumo para cumprir nossos objetivos, mas frequentemente ultrapassa esse propósito. Torna-se nosso passatempo, nossa obsessão, e muitas vezes controla como nos sentimos a respeito de nós mesmos. Enquanto isso, a única métrica que consigo encontrar nas escrituras é usada por João Batista, relacionada a conhecer Jesus, quando ele diz: "Convém que ele cresça e que eu diminua" (Jo 3:30).

Esse é o paradoxo. Porque, se eu diminuir, sinto que posso me perder inteiramente, mas, na realidade, isso me aproxima do meu verdadeiro eu. Essa diminuição do eu ocorre quando jogamos fora as falsas identidades de nossos papéis, títulos, realizações e padrões de sucesso. O livro de Hebreus diz que "não há criatura que não seja manifesta na sua presença; pelo contrário, todas as coisas estão descobertas" (4:13). Somos vistos e totalmente conhecidos e amados aos olhos do Criador. Quando deixamos de lado tudo que não é necessário, a alma não diminui, mas se expande para um lugar espaçoso, abrindo as janelas para a alma e as portas para a presença divina. Na renúncia do eu, finalmente encontramos liberdade e um senso de conforto e completude em nossa própria pele.

MOMENTO DE DESCANSO

Durante esta semana, anote todas as vezes em que você viver segundo os números, e não segundo o Espírito. Qual é a sua relação com "métricas de sucesso"? Contemple o propósito da sua vida sem as mensurações e os indicadores de sucesso ou crescimento. Como você poderia afrouxar um pouco as amarras para deixar sua alma voar?

5. Conhecer a Deus, conhecer a si mesmo

Depois de termos deixado de lado as falsas identidades nas quais nos escoramos para impulsionar nosso senso de valor — nossos papéis, títulos, realizações, emoções e circunstâncias —, ainda temos outro passo a dar. Nós nos despimos das velhas formas de pensar sobre nossas atividades e medidas de sucesso, ficando livres para direcionar a atenção para o que descobrimos ser a fundação da nossa identidade.

Essa ação de se despir do velho e vestir o novo é o primeiro exercício na exploração da identidade. "[...] Vos despistes do velho homem com os seus feitos e vos revestistes do novo homem que se refaz para o pleno conhecimento, segundo a imagem daquele que o criou" (Cl 3:9–10). Nem sempre é fácil fazê-lo, porque nossa voz interior muitas vezes é o último reduto de resistência antes de mergulharmos na essência do verdadeiro eu. Somos duros conosco mesmos. Não gostamos de oferecer um descanso para nós mesmos ou de ser delicados com nosso eu ferido. Mas a pista para nossa identidade mais profunda repousa na imagem do Criador, a *imago dei*.

É comum pensarmos que o fato de termos sido feitos "à imagem de Deus" significa que toda a humanidade que já viveu, em suas vastas expressões e dimensões, foi imbuída de atributos divinos. Porque somos "como Deus", refletimos essa imagem Divina. Somos criativos porque Deus é criativo. Amamos porque Deus é amor. Somos seres sociais porque Deus é social por meio da expressão do Pai, do Filho e do Espírito Santo. Mas há mais que isso. Em um nível mais profundo de conhecimento, ser feito à imagem de Deus nos convida a buscar a essência da vida que Deus *imagina* para cada um de nós, individual e coletivamente.

O que chamamos de ser-feito-à-imagem-e-semelhança-de-Deus é o resultado da imaginação Divina que criou tudo que existe, visível e invisível, não para o propósito de acumular obras de arte divinas, mas para tecer tudo isso em uma rede interconectada e regenerativa de pertencimento, onde cada ser único e singular desempenha um papel e é interdependente do outro. O modo como definimos ou reconhecemos nosso eu imaginado por Deus se revelará a nós de formas únicas, às vezes nos momentos de "eureca!", mas principalmente no lento processo e trabalho d'Ele, em que somos convidados a participar dessa natureza divina por meio de nossa própria imaginação guiada pela fé e pela confiança. Independentemente do que nossa voz interior nos diga, as escrituras confirmam que somos *obra-prima* de Deus (Ef 2:10 NVT); a palavra "obra" deriva do grego *poiema*, que deu origem a "poema" em português. Cada um de nós vive uma vida dada por Deus e concebida como uma expressão poética da imaginação Divina.

É assim que Deus nos imagina, como nosso eu mais verdadeiro. Nossa tarefa é escutar e viver essa vida poética, entregando o nosso ser ao poder criativo e transformador da Presença Divina, que trabalha no ateliê da nossa alma.

MOMENTO DE DESCANSO

Ao longo desta semana, dedique um tempo para tomar consciência dos hábitos da sua voz interior que afetam suas atitudes, especialmente quando o dia parece desafiador. Enquanto reflete sobre esses hábitos do coração, peça a Deus que ajude você a se despir do velho para renovar seu conhecimento "conforme a imagem de seu Criador". Você consegue reunir as páginas da sua vida e capturar em termos poéticos como a vida tem sido para você até o momento ou nesta temporada? Bastam algumas palavras descritivas que, juntas, se tornem uma expressão poética que diga: "Isto sou eu." Vá mais fundo e olhe além das meras circunstâncias ou estado emocional e veja se você consegue identificar a força do seu coração nos tempos de dificuldade.

6. A voz do silêncio

Às vezes, o silêncio fala mais alto. A voz do silêncio insiste que o que existe na quietude merece ser reconhecido pelo que é. Quando Jesus fica em silêncio em meio aos seus acusadores, até mesmo Pilatos consegue ouvir o que o silêncio diz. Pilatos pergunta: "'Não ouves quantas acusações te fazem?' Jesus não respondeu nem uma palavra, vindo com isto a admirar-se grandemente o governador" (Mt 27:13–14).

Em meio à balbúrdia e à confusão, ao interrogatório e à pressa para cumprir a missão de extirpá-lo, Jesus permanece tranquilo mesmo imerso no olho de um furacão. Visivelmente inalterado pelas falsas acusações, pelas exigências de respostas e pelo abuso físico com o intuito de dominá-lo, Jesus permanece tranquilo. Quando é preciso, ele responde, mas sempre com verdade e segurança e o foco na vontade de Deus.

Ele não precisava responder. Ele não tinha necessidade ou intenção de negociar sua identidade com base nas opiniões dos outros. Sua vida foi seu testemunho; as pessoas que caminhavam curadas, livres ou de alguma forma transformadas testemunhavam seus atos de amor em Israel. Era tarde demais para que as palavras tivessem importância. A verdade só inflamaria a sede dos fariseus por sangue. No silêncio, eles se ergueram com acusações em mãos, carregando o peso das próprias palavras, o peso de suas mentiras, enquanto Jesus permaneceu em silêncio — em um silêncio confiante — em sua identidade.

Frequentemente, nossa vida clama por respostas de Jesus. Muitas das nossas maiores perguntas começam com "por quê?".

Por que o senhor não tira esse fardo de mim? Por que tenho que sofrer por causa dos erros de outra pessoa? Por que ela teve que morrer? Por que ele não pode ser curado? Por que as guerras acontecem? Por que o senhor não faz nada? Pedimos respostas, mas na maioria das vezes tudo o que recebemos é o silêncio. Ainda assim, mesmo nesse silêncio reconhecemos que Deus é o único soberano e digno de adoração, e então entendemos que a pergunta não é tanto *por quê?*, mas sim *quem?*. Assim, adentramos o divino mistério que é o silêncio de Deus refletido no silêncio de Cristo.

MOMENTO DE DESCANSO

Quando você deparou com um silêncio que parece ter feito uma grande ou profunda declaração sem que palavras fossem usadas? Que tipo de eventos ou observações deixaram você sem palavras? Como esses momentos de silêncio se transformaram em uma oração?

7. Conversa da alma

Para reflexão pessoal, diálogo de direção espiritual, discussões em pequenos grupos ou em retiro

Lectio Divina: Salmos 51

Lenta e devotadamente, leia em voz alta o Salmo 51 e escute a voz de Deus. Busque uma palavra ou frase que ressoe em você ou capture a atenção do seu coração. Guarde essa palavra ou frase dentro de você durante um minuto de silêncio. Leia o capítulo mais uma vez, com atenção, buscando uma conexão mais profunda, um chamado ou orientação relacionado a essa palavra ou frase. O que Deus está dizendo a você por meio da passagem da escritura nesse momento e nesse lugar?

Após outro período de silêncio, anote em seu diário o que você recebeu, ouviu ou desejou. Se você estiver em grupo, compartilhe brevemente a palavra e suas reflexões a partir dessa leitura com outra pessoa, ouvindo sem fazer comentários e sem dar conselhos ou até mesmo validação. Apenas guarde as palavras divinas recebidas em um silêncio seguro e acolhedor.

O caminho interior da identidade

- Se você tiver registrado cada uma das seis leituras em seu diário, volte e revise os registros. Qual é o fio condutor de seus pensamentos? Qual é o assunto que prevalece em suas reflexões? Como esse fio pode ser tecido em uma oração?
- Se você não tiver feito um diário, apenas reflita sobre essas leituras. O que ficou guardado com você? O que é mais

importante para sua jornada pessoal? Quais palavras ou pensamentos você destacou?

- O que você mais usou de apoio para se identificar no passado? Suas realizações, seus papéis, suas emoções ou algum outro fator?
- De quais aspectos da sua vida ou atitudes você acha que precisa se despir ou libertar para se expandir e receber algo novo do Espírito?
- O que constitui a sua identidade? Use palavras para descrever quem você é.

Recebendo a graça

Qual graça ou dádiva você mais quer receber de Deus, considerando o caminho interior da identidade como uma porta de entrada para se aproximar de Deus?

O CAMINHO DA

COMUNIDADE

Nossa alma espera no Senhor,
nosso auxílio e escudo.
Nele, o nosso coração se alegra,
pois confiamos no seu santo nome.
Seja sobre nós, Senhor, a tua misericórdia,
como de ti esperamos.

SALMOS 33:20-22

A maior parte da nossa conversa com a alma consiste em ouvir nosso próprio coração, mas o Salmo 33 sugere que também compartilhamos uma alma coletiva com "todos os moradores da terra" (v. 14) e particularmente com "os que esperam na sua misericórdia" (v. 18). O que há na comunhão com outros em uma comunidade que faz a vida parecer mais plena, rica, segura e completa? E, ao mesmo tempo, o que há na vida em comunidade que pode fazer a vida parecer mais desafiadora?

Em comunidade, uma alma conversa com a próxima. Reconhecemos nosso próprio sofrimento quando vemos outros sofrendo de alguma forma. E reconhecemos nossas próprias alegrias quando compartilhamos a alegria dos outros.

Comunidade: essa é nossa palavra para uma "unidade comum". É fácil perder de vista o que nos une quando batalhas estão sendo travadas por política, preferências e poder. Ainda assim, em comunidade aprendemos sobre a graça — como recebê-la e como dá-la. E, nessa unidade de graça, descobrimos a Deus, cujo "todo o seu proceder é fiel [...] a terra está cheia da bondade do Senhor" (Sl 33:4–5).

Quando damos ou recebemos graça, abençoamos uns aos outros e *nosso* coração e alma se alegram quando o amor inabalável de Deus recai sobre nós.

1. Redes de apoio

Desde o início dos tempos, os humanos precisaram do apoio uns dos outros. "Não é bom que o homem esteja só", Deus declarou quando da Criação (Gn 2:18). Todos nós já experimentamos a dor da solidão, separação ou isolamento, mas, assim como a videira busca o apoio de uma árvore, de uma parede ou de uma treliça para ter direção e estabilidade, nossa vida também chega mais longe, encontra conexões e prospera em uma rede de apoio saudável.

Podemos ou não ter nascido em uma família que nos apoia. Quando crescemos e passamos a cuidar de nós mesmos, definimos nosso próprio sistema de apoio além da nossa família. Reconheço minha rede de apoio em minha família, em algumas poucas amizades próximas, em relacionamentos de trabalho, em uma comunidade de fé e até mesmo naqueles cujas palavras de séculos atrás me trazem apoio.

A necessidade de apoio pode ser a razão pela qual eu amo meu trabalho como guia espiritual. A direção espiritual,[6] também chamada de acompanhamento espiritual, é uma prática que me convida a estar intencionalmente em comunhão com outros nessa jornada de vida. A maior parte do meu trabalho é escutar ativamente a pessoa que acompanho, e essa escuta ativa é uma dádiva que eu tanto ofereço quanto recebo. Ela nos permite cuidar do que é sagrado em meio à vida cotidiana. Ela nos impulsiona a procurar e reconhecer a presença de Deus em todas as coisas, nos convidando a sempre nos inclinarmos para a graça do Divino. Quando encontramos esses pontos de conexão com outros em comunidade, vemos a Deus mais plenamente, tanto dentro de nós mesmos como dentro dos outros.

Podemos tentar levar a vida só por nós mesmos, mas os benefícios que colhemos na comunidade com outras pessoas… A comunidade nos permite explorar nossa própria vida, conhecer o Divino dentro dela e responder ao chamado a pertencer junto com outros. Viver em comunidade é viver plenamente como fomos criados para ser.

MOMENTO DE DESCANSO

Como você construiu seu sistema de apoio? Quem ele inclui? Quais áreas da sua vida mais parecem precisar de apoio? Aonde você pode ir para encontrar esse apoio? Onde ficam os lugares seguros, os espaços de escuta onde você se sente ouvido e visto como é, onde quer que esteja? Se você não tem um lugar como esse, talvez possa criar um. Leia mais sobre essa possibilidade no Apêndice 1.

2. Reimaginar a igreja

A igreja como a conhecemos está sendo recriada. Isso soa assustador, perigoso, arriscado? Ou convidativo, esperançoso e animador? Ou podemos concordar que todas essas opções são verdadeiras. Ponha a culpa na pandemia, na política ou nas mudanças culturais e geracionais: a igreja, e quase todas as pessoas conectadas a ela, estão repensando e reimaginando o que significa ser "o corpo de Cristo". Alguns chamam esse movimento de "desconstrução da fé", mas eu prefiro pensar nele como uma reimaginação da fé. Reimaginar a igreja e a congregação têm aberto portas para novas formas de expressar nossa jornada juntos.

A maioria das pessoas — frequentadores da igreja ou não — têm notado que essas mudanças nos fizeram olhar para dentro de nós. Estamos discernindo o que é importante para a vida espiritual: o que é revigorante e como podemos experimentar uma intimidade mais profunda com o Divino ao mesmo tempo que aprendemos a estar presentes para nós mesmos e para os outros. Esse tipo de reflexão interior clama por uma expressão de fé que esteja fora dos domínios do que tipicamente tem sido oferecido na igreja. Porém, equipar a igreja para ajudar as pessoas nessa jornada interior é o que Paulo pede por sua igreja em Éfeso, orando para que sejam "fortalecidos [...] no homem interior" (Ef. 3:16).

Como a igreja pode ministrar para indivíduos que estão explorando sua fé, ansiando por descobrir a presença de Deus em suas vidas comuns? As possibilidades são ilimitadas, mas talvez possam ser reunidas sob um guarda-chuva chamado "escuta". As tradições da igreja focam em ensinar, contar, falar, pregar e disciplinar, mas poucas têm à disposição pessoas treinadas para simplesmente escutar, para ver as pessoas como elas são, para ser companhia, para ser uma presença ao lado do outro em sua jornada.

Para aqueles que lutam com sua fé, faz toda diferença encontrar graça e hospitalidade em uma igreja que os acolha em uma conversa onde possam ser ouvidos. É um presente tamanho a oferecer àqueles que vivem em um mundo barulhento. Em uma postura de escuta e companhia, não trazemos nenhuma receita para "consertar a fé" deles; simplesmente os escutamos, ouvimos, vemos e testemunhamos sua jornada como um solo sagrado.

Sei que assusta — e empolga e traz esperança. Reimaginar o que significa ser igreja é a obra cocriativa do Espírito que nos convoca a nos aproximarmos do Divino, a abrir um pouco mais as portas para uma expressão maior do que significa caminhar com Jesus pela vida.

MOMENTO DE DESCANSO

Como sua experiência na igreja ou em uma comunidade de fé mudou nos últimos anos? Qual comunidade de fé escuta sua história e jornada em um ambiente seguro? Como você poderia construir esse grupo de apoio se já não tiver um? Que diferença pode fazer compartilhar sua jornada mais intencionalmente com um guia espiritual ou amigo?

3. O poder da liturgia

Sempre que visito minha mãe, que tem 92 anos, percebo o maior declínio de sua memória, sua perda de vocabulário, a fragilidade de seus passos e o embotamento da sua visão. Mas percebo também a importância cada vez maior de sua liturgia diária, seu anseio pela comunidade e seu compromisso com a fé. *Liturgia* é um termo frequentemente usado no contexto da igreja e dos rituais que adotamos como lembretes simbólicos da nossa fé. Mas a liturgia é praticada de modo muito mais amplo por cada pessoa nos momentos comuns da vida. Esses rituais nos ajudam a incorporar a nossa fé, a dar corpo àquilo em que acreditamos e estimamos em nosso coração. A liturgia não tem a pretensão de nos manter presos a um hábito em particular, mas sim de nos convidar para um banquete divino, uma mesa posta à nossa frente em meio à vida e aos desafios cotidianos.

A liturgia matinal da minha mãe começa com um café, uma torrada e a leitura da Bíblia. É assim desde que eu consigo me lembrar. Fico maravilhada diante da sacralidade dessa rotina ordinária e revitalizante. Porque aqui está o pão e aqui está o cálice. E ela recebe a Palavra de Vida como verdadeiro sustento para sua alma.

A liturgia dela também me preencheu. Ela está presente em minha própria liturgia matinal, que é muito parecida. Minha filha me disse recentemente que a manhã dela também é como a minha. Um legado de uma pausa matutina em silêncio, honrando o início de um novo dia. Orações feitas e diários preenchidos, pois reconhecemos o poder da liturgia em nos centralizar em nosso dia, permitindo que o Divino santifique nossas atividades.

A mesma beleza da liturgia explica em grande parte por que a igreja continua sendo um local revigorante para mim. Independentemente das fraquezas que possamos trazer à comunidade de fé, dos atritos, da decepção com a programação ou com as pessoas, ainda resta um centro estabilizador da liturgia que ministra ao corpo de Cristo. Mesmo no encontro da igreja mais simples, casual e pequena, há um ritmo para o tempo em comunidade. Provavelmente seremos bem recebidos quando entrarmos, uma vela talvez seja acesa, sentaremos diante de um espaço reservado no altar. Cantaremos, oraremos, ouviremos a Palavra ser lida e pregada. Apresentaremos nossas ofertas. Seremos abençoados ao oferecermos cumprimentos de paz uns aos outros. E iremos embora debaixo da benção.

De alguma forma, a despeito do bebê chorando na fileira de trás, do toque do celular que alguém esqueceu de desligar durante o culto ou até mesmo de um cantar medíocre, a liturgia realinha meu coração com Deus. Ela me faz olhar além das minhas rotinas diárias e até mesmo da minha própria liturgia pessoal e adentrar o mistério da Presença Divina com aqueles ao meu redor. Por cerca de uma hora, deixo de fora o estresse, o trabalho que me espera, as tarefas que sempre precisam ser concluídas, e adentro a sagrada liturgia de oração e adoração da mesma forma que cheguei ao altar. Porque aqui está o pão, e aqui está o cálice. E fico maravilhada diante da sacralidade dessa liturgia revitalizante que sustenta minha alma.

MOMENTO DE DESCANSO

Qual parte da sua rotina diária se parece com uma liturgia? Se for difícil reconhecê-la como um convite para o sagrado, como você poderia incorporar uma pausa sagrada para estar presente nos chamados divinos? Na sua comunidade de fé, como é a sua liturgia típica? Qual parte da liturgia afeta e sustenta você de alguma forma? Como pode se entregar mais inteiramente a Deus durante o culto na igreja ou no período que escolheu dedicar a Ele?

4. O chamado para a comunidade

Enquanto as igrejas tentam imaginar o que significa ser uma igreja nos dias de hoje, podemos encontrar lampejos da direção certa quando lemos sobre a primeira igreja estabelecida após a ascensão de Jesus para o céu. Atos 2 nos conta que essa igreja era "perseverante", cheia de "temor" e que todos "tinham tudo em comum" (vv. 42-44). Para ser sincera, não posso dizer que minhas experiências na igreja ao longo dos anos foram exatamente assim. As expressões que eu poderia usar são *curiosa*, *cheia de perguntas*, *buscando a unidade*. Mas, se considerarmos essas características da primeira igreja que existiu, podemos encontrar orientação no renascimento das nossas comunidades eclesiásticas.

Perseverante. Ser perseverante em uma comunidade de fé parece um pouco fora de moda, mas as escrituras são bem claras quanto à perseverança no ensino e no companheirismo. Se eu persevero nos ensinamentos de Jesus, escuto atentamente o que Deus me diz. E como o escritor de Atos relaciona a perseverança nos ensinamentos a também perseverar no companheirismo, essa é uma razão para se conectar com o próximo no compartilhamento do que ouvimos e do que estamos aprendendo na jornada de fé.

Cheia de temor. Sinto que isso é mais que se sentir inspirado ou elevado por uma mensagem ou por uma canção. Não se trata de uma emoção, mas de uma dádiva de Deus. Algumas traduções dizem que "em cada alma havia temor". Temor invoca uma humildade do coração e do espírito para reconhecer e receber a mensagem divina. Em alguns dias eu me "sinto" adoradora e humilde; em outros, não. Mas o mais próximo que cheguei de experimentar essa sensação de temor foi em uma igreja que costumava convocar a congregação para um momento de silêncio antes de receber o ensinamento da manhã. Não o silêncio com uma música de fundo; apenas o silêncio puro que deixa de fora qualquer pensamento autoconsciente ou fingimento. Juntos, fazíamos uma profunda respiração coletiva e tomávamos consciência do sagrado em uma postura coletiva de abertura e expectativa.

Tudo em comum. Hoje acredito que só há uma coisa que realmente temos em comum: o solo sagrado aos pés da cruz de Cristo. É o centro de tudo, literalmente o ponto crucial da questão. A cruz nos une e nos define. Independentemente de quão "incomum" ou deslocada uma pessoa se sinta na comunidade de fé, essa *única* coisa — a cruz — é *tudo*. Então, podemos verdadeiramente dizer que temos *tudo* em comum.

Jesus veio ao mundo para nos unir. Suas chagas nos lavam e nos curam. Sua ressurreição nos unge com o bálsamo da paz. Nossas doenças da alma não são danos fatais. Nossas vidas enfermas não são aflições terminais. Juntos, em uma unidade comum, somos transformados.

MOMENTO DE DESCANSO

Leia Atos 2, que descreve a vida da primeira igreja. Qual desses atributos você consegue associar à sua própria vida em comunidade? Quais áreas são um mistério ou um desafio para você? Quais áreas gostaria de explorar melhor? Nesta semana, experimente criar um tempo regular para o silêncio na sua vida diária, especialmente nos momentos de adoração com outras pessoas. Como o silêncio pode unir um grupo?

5. Suportar uns aos outros

Tenho uma amiga que fez parte de uma igreja por décadas. Recentemente, ela me disse que sente uma "negligência benigna" à sua presença na congregação. Conversam com ela? Sim. Ela sente que sua presença é reconhecida? Também. Mas não verdadeiramente acolhida. Isso a machuca, e ela se questiona o que isso significa e aonde vai levá-la.

Viver em comunidade nem sempre conduz a um alto patamar espiritual. Na verdade, por mais que eu acredite que somos chamados para viver nossa fé em comunidade, também entendo que frequentemente esse é um lugar difícil para se estar. Para ser honesta, às vezes seria fácil ir embora da comunidade, como quando me sinto sozinha no meio de uma congregação, ou quando fico magoada por ter sido mal compreendida, ou quando sinto que preciso me explicar para ser aceita.

Os desafios da vida em comunidade são infinitos. Sem dúvida, a comunidade perfeita não existe. Não há nenhuma comunidade que exista unicamente para atender às minhas necessidades específicas e funcionar de acordo com as minhas preferências. É por isso que somos chamados a conduzir nossa vida "com longanimidade, suportando-vos uns aos outros em amor" (Ef 4:2). Não temos que "suportar uns aos outros" quando as coisas estão bem. É quando alguém está me dando nos nervos que preciso praticar a paciência e suportar essa pessoa em amor. Todos reagimos às circunstâncias e pessoas de formas que podem ser desprovidas de graça. Sei porque já agi assim.

Apesar disso, não posso negar que a comunidade é a pura essência do Divino expressa no Criador, no Filho e no Espírito habitando juntos em unidade. Vejo Jesus vivendo um dia após o outro com um pequeno bando de seguidores que com certeza testaram a paciência dele com sua falta de fé, seus medos, seu posicionamento em relação ao poder, sua falta de entendimento. E ele continuou suportando-os em amor. Ele viu além das fachadas brutas e das falhas. Ele viu desejos ocultos que nem eles mesmos seriam capazes de nomear. E os convidou a se aproximarem, a conhecerem a Deus mais profundamente e a serem amados por Deus. A comunidade nunca foi uma opção ou uma escolha para Jesus. Era simplesmente quem ele é; é parte de seu ser. E ele nos convida a viver em comunidade neste mundo.

MOMENTO DE DESCANSO

Como você descreveria seu relacionamento com sua comunidade de fé (seja uma igreja tradicional ou um pequeno grupo de amigos fiéis que conhecem e encorajam você)? Como descreveria o relacionamento da sua comunidade de fé com você? De quais formas sua paciência e habilidade para suportar aos outros em amor têm crescido? Quais são os obstáculos para esse crescimento? Qual é a linha que separa suportar os outros de se sentir abusado por uma comunidade? Quando você sabe que chegou a hora de encontrar uma nova comunidade?

6. A estrada para o Calvário

Do Getsêmani para o palácio do governador, a caminho do Gólgota. Jesus está exausto e cada vez mais próximo da morte. Provavelmente não dormiu nas últimas 24 horas. É improvável que sua necessidade de comida e água tenha sido levada em consideração, quem dirá atendida. Desidratado, ferido, lesionado e sangrando, ele tenta arrastar a cruz que foi colocada sobre seus ombros e costas dilacerados. Mas o passo é insuportavelmente lento. Cada nervo de seu corpo devia estar clamando pelo fim da dor; ao mesmo tempo, somos levados a pensar se a ideia da morte não pareceria um alívio para ele.

De alguma forma, ele encontra a coragem e a força para prosseguir, para dar mais um passo em direção à sua morte naquela cruz. E, à medida que o faz, ele nos aproxima de Deus, do Santo dos Santos, da esperança da nossa alma. As escrituras dizem que multidões o seguiam, encarando a cruz (ver Lucas 23:27). Uma comunidade diversa, reunida por esse evento, arranja seu lugar nesse cenário. Aqueles que amam a Jesus seguem junto com seus inimigos. Alguns estão no auge de sua experiência religiosa; alguns simplesmente se depararam com Jesus, como em uma interrupção de sua vida; outros o encontraram em meio ao lamento do povo; e outros estão apenas a caminho do trabalho ou de casa.

Independentemente das circunstâncias ou do nosso status, todos nós em algum momento, encararemos a cruz. Encontraremos Jesus de passagem ou quando o buscarmos e sentarmos aos pés dele. Mas todos encontraremos o Salvador em sofrimento, o Cordeiro de Deus ferido, e então responderemos. Vamos segui-lo ou esquecê-lo? Vamos adorar ou lamentar? Vamos nos juntar a ele em sua longa jornada ou prosseguir em nosso caminho?

MOMENTO
DE DESCANSO

Quando você medita a respeito da cena de Jesus prosseguindo em sua estrada e carregando a cruz, o que você vê? Onde se encaixa nesse quadro? Perto o bastante para alcançar Jesus e tocá-lo ou escondido no meio da multidão? Oferecendo palavras de encorajamento ou lamentando, orando em silêncio? Há outras pessoas na multidão que você reconhece ou com as quais gostaria de estar no trajeto para o local da crucificação? Registre sua oração imaginada em seu diário.

7. Conversa da alma

Para reflexão pessoal, diálogo de direção espiritual, discussões em pequenos grupos ou em retiro

Lectio Divina: Salmos 33

Lenta e devotadamente, leia em voz alta o Salmo 33 e escute a voz de Deus. Busque uma palavra ou frase que ressoe em você ou capture a atenção do seu coração. Guarde essa palavra ou frase dentro de você durante um minuto de silêncio. Leia o capítulo mais uma vez, com atenção, buscando uma conexão mais profunda, um chamado ou orientação relacionado a essa palavra ou frase. O que Deus está dizendo a você por meio da passagem da escritura nesse momento e nesse lugar?

Após outro período de silêncio, anote em seu diário o que você recebeu, ouviu ou desejou. Se você estiver em grupo, compartilhe brevemente a palavra e suas reflexões a partir dessa leitura com outra pessoa, ouvindo sem fazer comentários e sem dar conselhos ou até mesmo validação. Apenas guarde as palavras divinas recebidas em um silêncio seguro e acolhedor.

O caminho interior da comunidade

- Se você tiver registrado cada uma das seis leituras em seu diário, volte e revise os registros. Qual é o fio condutor de seus pensamentos? Qual é o assunto que prevalece em suas reflexões? Como esse fio pode ser tecido em uma oração?
- Se você não tiver feito um diário, apenas reflita sobre essas leituras. O que ficou guardado com você? O que é mais

importante para sua jornada pessoal? Quais palavras ou pensamentos você destacou?

- Como você descreveria a dádiva de estar em comunidade?
- Como você descreveria o desafio de estar em comunidade?

Recebendo a graça

Qual graça ou dádiva você mais quer receber de Deus, considerando o caminho interior da comunidade como uma porta de entrada para se aproximar de Deus?

O CAMINHO DA

CONTEMPLAÇÃO

Pelo contrário, fiz calar e sossegar a minha alma;
como a criança desmamada se aquieta nos braços de sua mãe, como essa criança é a minha alma para comigo.

SALMOS 131:2

Chega um tempo em que a alma supera a necessidade de arranjar nutrição, respostas ou fórmulas para o crescimento espiritual. O que quer que encontremos em nossa trajetória de vida, acolhemos como uma oportunidade de conhecer intimamente a Deus. Nosso trabalho duro para servir, para fazer as coisas acontecerem, para controlar os resultados e para mensurar nosso crescimento se esvai quando alcançamos um lugar onde encontramos descanso para a alma.

A vida fica ancorada no presente, onde o contentamento reina, e nos abandonamos à providência divina, sabendo que, independentemente das agruras ou necessidades, dos tormentos ou conflitos, nada nos separa de Deus — porque nada é separado de Deus.

Em uma união silenciosa e contemplativa, descanse no amor eterno e generoso de Deus, como uma criança embalada pelos braços da mãe.

1. Fluir e refluir

A vida contemplativa nos aprofunda na existência com Deus, mas há sempre um fluir e refluir de forças em ação, um ritmo natural no conhecer a Deus que oscila para dentro e para fora, associado à nossa disposição a nos entregarmos à graça e à verdade divinas. Nossa tendência cultural — e às vezes a tendência da igreja — é rapidamente impulsionar as pessoas ao "serviço ativo" antes que tenham explorado plenamente o que significa conhecer a Deus e reconhecer a voz e o chamado de Deus. Invariavelmente, essa atividade aleatória rotulada como "serviço" não provê o alimento espiritual que buscamos. Passamos a nos perguntar se a vida espiritual é só isso. Realmente podemos conhecer e ser conhecidos por Deus com uma rotina tão sobrecarregada? O livro de Tiago diz que a fé sem obras é morta (2:26). E o contrário também é verdadeiro: a obra sem fé viva é morta.

Precisamos viajar para o nosso interior, desacelerando para explorar nossas próprias histórias, fazer perguntas, e "no recôndito [me fazes] conhecer a sabedoria", como Davi diz em Salmos 51:6. Quando desvelamos essa verdade e entendemos que Deus nos ama em meio a todas as coisas, sentimos um empurrão de volta para o mundo exterior. Agora, porém, estamos inspirados pelo Espírito, onde o amor de Deus muda nossas perspectivas.

Repetidamente fazemos essa viagem para dentro e para fora. A metáfora do oceano subindo e descendo oferece algumas opções de visualização desse fluir e refluir, e a interpretação fornece escolhas quanto a quem ou o que está fluindo e refluindo. Às vezes podemos sentir que Deus é o oceano, fluindo sobre nós e depois refluindo de volta para revelar pedaços de vida escondidos para nossa contemplação. Outras vezes, podemos nos enxergar como as ondas do oceano, rebentando contra o mundo e então retornando ao encontro da envolvente presença de Deus.

Estamos conectados à força divina que se move dentro de nós e que nos chama para dentro e para fora, até entendermos que o movimento de ir e vir são, na verdade, uma coisa só. Assim como o oceano não se separa claramente da terra, nós também experimentamos uma união coexistente com Deus na maravilha formadora, reformadora e transformadora que é a vida.

MOMENTO DE DESCANSO

Como e quando você experimentou a sensação do fluir e refluir em sua vida espiritual? Quais áreas da sua vida parecem estar fluindo ou refluindo hoje? Você luta contra esse ritmo para evitar o sobe e desce, o entra e sai de uma situação? Quais tesouros você descobriu em sua vida quando passou pelo fluxo e refluxo?

2. Um lugar espaçoso

A maioria de nós vive o que chamamos de "uma vida comum", e, independentemente de nossa ideia do que seria mais empolgante, toda vida parece comum para a pessoa que vive nela. Mesmo que eu fosse, por exemplo, uma famosa pianista que viaja pelo mundo com orquestras sinfônicas, o que eu faria sendo essa pianista seria apenas minha vida comum, que envolveria horas de prática, ensaios, voos intermináveis, viver com uma mala, trabalhar à noite e mandar meus trajes de concerto para a lavanderia. A vida ordinária pode começar a parecer asfixiante, monótona e limitada se não estivermos abertos à verdade subjacente de que todo o ar que respiramos é uma dádiva santa de Deus, na qual temos a possibilidade de adentrar a morada sagrada e íntima da alma.

Nessa morada, podemos começar reconhecendo nossas próprias condições: físicas, emocionais, intelectuais ou espirituais. Imagine esses fios sendo integrados em uma única e coesa vida de beleza. Oferecemos esses fios a Deus, o grande tecelão da vida, que recebe cada um como um presente. Neste dia, meus fios incluem cansaço, tanto físico como emocional. Trago também um fio de decepção que perpassa minha vida profissional, pois sinto que de alguma forma não estou atendendo às expectativas. E um fio de enfado, ou talvez de descontentamento, por eu estar perdida em uma vida de desempenhar tarefas e afazeres desimportantes que não trazem o que eu chamaria de satisfação ou significado.

Mas, assim que esses fios são entregues a Deus, sinto-me livre para relaxar, para parar de lamentar e ruminar, à medida que deixo o artista principal desenhar a minha vida. Não preciso mais ver o quadro completo com todos os resultados da minha vida e o que realizei, porque recebi a graça de simplesmente acreditar na boa obra de Deus em mim neste momento e neste lugar. Posso até me sentir cansada, mas sou convidada a acreditar que Deus por fim restaurará minhas forças ou preencherá as lacunas e redimirá meu tempo e minha energia de outras formas.

Junto com o fio de decepção ou de não corresponder à expectativa, o Espírito também pede que eu Lhe entregue a régua que usei para chegar a essa conclusão autodepreciativa. Vejo essa régua ser quebrada e jogada fora quando entendo que minha vida não é medida por resultados, mas pelo valor de simplesmente estar viva neste dia, em qualquer dia, experimentando o dom de respirar, sonhar, fazer, aprender, tocar e ser renovada em corpo, mente e espírito.

Posso dizer, assim como o salmista, "Caem-me as divisas em lugares amenos" (Sl 16:6); e "passamos pelo fogo e pela água; porém, afinal, nos trouxeste para um lugar espaçoso" (Sl 66:12). O Deus eterno, imortal, infinito e onisciente chega até nós e nos convida a deixar para trás nossas crenças limitantes e nossas percepções claustrofóbicas da vida. Na fé reconhecemos que, mesmo nas tarefas comuns do cotidiano, estamos em casa nesse lugar espaçoso do amor generoso e da graça divina.

MOMENTO DE DESCANSO

De que formas sua vida já pareceu limitante ou restrita? Que impacto isso teve em você, física ou emocionalmente, ou até em seus relacionamentos? Qual símbolo poderia trazer à presença de Deus para representar as coisas que mantêm você no espaço limitado? Quando se aproxima de Deus com tais coisas e adentra um lugar espaçoso e agradável, como a sua situação ou comportamento muda?

3. Uma vida integrada

Viver uma vida integrada é um assunto importante para mim há anos. Na verdade, um senso de *desintegração* foi uma das razões pelas quais comecei a me reunir com um guia espiritual anos atrás. Eu sentia que estava vivendo uma vida profissional, uma vida familiar, uma vida eclesiástica, e provavelmente algumas outras vidas, mas todas pareciam desconexas, separadas, apartadas umas das outras. Ficava me perguntando qual era meu eu mais autêntico.

Acho que a cozinha é o melhor lugar para estudar a integração — o que é interessante, considerando que não sou afeita a ela. Nunca amei cozinhar, menos ainda a limpeza que exige, mas tenho me dado bem no planejamento, no preparo e na execução de grandes receitas.

Ando descobrindo que a cozinha é o lugar perfeito para meditar, pois permite uma profunda tomada de consciência da dádiva dos sentidos: a textura da farinha, o aroma da carne sendo assada, a doçura de um morango bem vermelho, os sons do chiado, da fervura, do fatiamento e dos alimentos sendo picados. Também tenho plena consciência de que posso ter todos os ingredientes necessários para uma grande receita, mas, se eu não os *integrar*, a aparência e o gosto do prato podem ser alterados drasticamente.

O mesmo acontece com a alma. Se falharmos em contemplar e reunir as partes da vida que foram deixadas sozinhas e de fora do todo, desperdiçaremos a oportunidade de fazer com que se tornem algo maior que a simples soma delas. Essas partes abandonadas invariavelmente desenvolvem uma vida própria e clamam por serem reivindicadas e amadas. Aprender a integrar todos os aspectos da vida — escuridão e luz, choro e alegria — exige tempo e atenção.

Então, como cuidar dessas partes para trazer vida a elas como um todo? Um bom lugar para começar é um bloco de notas ou um diário. O hábito constante de tomar consciência, refletir e capturar memórias, pensamentos e sonhos provou-se parte do caminho da cura para muitas pessoas. É uma forma de dar voz ao que foi silenciado por muito tempo. Outra prática é fazer um inventário de memórias e eventos da sua vida ano após ano. Uma lista desses momentos capturados ao longo dos anos lhe dará um panorama dos altos e baixos, e as memórias que mais provocam emoções ou reações são aquelas que você talvez queira explorar mais profundamente na escrita ou com um amigo de confiança ou conselheiro. Por fim, a prática diária ou semanal da oração de exame oferece intencionalmente a vida a Deus, pedindo, como o salmista, "Sonda-me, ó Deus, e conhece o meu coração, prova-me e conhece os meus pensamentos" (Sl 139:23).

Quando dedicamos o tempo necessário, podemos alcançar a cura e a integridade que nos permitem saborear a vida boa e abundante que nos recebe e nos encontra no caminho do conhecimento de Deus e de nós mesmos.

MOMENTO DE DESCANSO

Quais partes de sua vida parecem ter sido deixadas de fora do todo? Um sonho não concretizado, um pai, uma mãe ou um parceiro de vida, sua infância, um segredo de família? Como você poderia encontrar formas – pela conversa ou pela ação – de acolher essa parte da sua vida que foi deixada de fora da sua própria alma? Qual papel essas partes esquecidas desempenharam na constituição de quem você é hoje?

4. Mensurar a plenitude

No ano passado, meditei na oração que Paulo escreveu em sua carta à igreja de Éfeso: "[me ponho de joelhos diante do Pai] a fim de poderdes compreender, com todos os santos, qual é a largura, e o comprimento, e a altura, e a profundidade e conhecer o amor de Cristo, que excede todo entendimento, para que sejais tomados de toda a plenitude de Deus" (Ef 3:18–19). Fico encantada com essa oração e com a possibilidade de ser preenchida com a plenitude de Deus. Essa única palavra — *plenitude* — começou a crescer como uma oração centrante de quatro sílabas ao longo do meu dia. Tenho explorado novas imagens do que Deus tem em mente para mim quando oro essa passagem.

Ao mesmo tempo, parece incompreensível para mim que possamos ser preenchidos com a plenitude do Deus eterno e que tudo sabe, que não tem limites nem início ou fim. Apesar de a plenitude existir além de qualquer dimensão terrena, as referências a amplitude, comprimento, altura e profundidade implicam uma plenitude *mensurável* em termos *humanos*. E isso me lembra de que não preciso ver ou vislumbrar toda a eternidade para entender a plenitude de Deus. Talvez eu simplesmente precise levar em conta minha capacidade humana, que tem, sim, seus limites.

Pense em um pequeno balde imerso no oceano como um quadro da vida plenamente preenchida com a plenitude de Deus. O balde está preenchido em toda a sua capacidade e, mesmo assim, não contém o oceano inteiro. Mesmo que esse balde esteja repleto de imperfeições, ainda assim está totalmente imerso, coberto e preenchido pelo fluxo do oceano através dessas imperfeições.

Assim também acontece com nossas vidas imperfeitas. Temos a capacidade de receber e conhecer a plenitude de Deus nos completando, nos submergindo e nos cobrindo, movendo-se através de cada dimensão de nossa vida. E, dessa forma, tenho pleno acesso à "paz de Deus, que excede todo o entendimento" em qualquer situação (Fl 4:7). E conheço o amor de Cristo que excede meu entendimento (Ef 3:19). E recebo o amor que me inunda "mais e mais em pleno conhecimento e toda a percepção" mesmo quando minha própria capacidade de amar parece exaurida (Fl 1:9). Isso é a plenitude de Deus.

Não precisamos lutar para conhecer a imensidão de Deus. Mesmo aqui, com as restrições da nossa vida comum, podemos tocar a realidade infinita, eterna, ilimitada e sem fronteiras de Deus sempre e para sempre nos preenchendo com a medida plena do amor divino.

MOMENTO DE DESCANSO

Dedique algum tempo a meditar na sensação de saber que o amor de Deus preenche você e flui através de cada dimensão da sua vida. Que diferença pode fazer considerar essa plenitude como uma forma de oração em sua vida diária, imaginando-a fluindo através de suas experiências, suas dores e suas vitórias? Pratique esse tipo de oração imaginada durante esta semana e veja qual impacto tem em seu relacionamento com Deus.

5. A santidade terrena

A pintura de Jean-François Millet intitulada *Angelus* retrata dois camponeses orando em um campo, com um pequeno cesto de batatas entre eles. No horizonte, há uma pequena igreja. O título e a composição implicam que os dois estão dando graças por sua pequena colheita no fim do dia enquanto o sino da igreja bate. Essa imagem me toca por dois motivos.

Em primeiro lugar, ela me lembra que, por mais tempo que eu passe buscando uma vida contemplativa por meio da oração, sempre haverá um convite para permanecer fincada nos aspectos terrestres de ser humana. Essa é a base literal do nosso ser e o lugar onde Deus habita em nosso trabalho diário e nos rituais do estar vivo.

Em segundo lugar, lembra-me da minha mudança da agitada metrópole de Phoenix, no Arizona, para a pequena cidade portuária de Port Orchard, no Noroeste Pacífico. No primeiro domingo em que compareci a um culto em Port Orchard, a congregação estava celebrando a colheita de batatas da igreja. Haviam levado para a igreja quilos e quilos de batatas locais marrons e salientes em cestos, bolsas e caixas que seriam doadas para um banco de alimentos local. O pastor abençoou as batatas, e a refeição comunitária após o culto serviu, obviamente, pratos que continham batatas.

Isso me lembrou de quão baseadas nas simples experiências humanas deve estar nossa vida contemplativa. Jesus nos ensinou essa lição quando disse "Observai as aves do céu" e "os lírios do campo" (Mt 6:26–28). Ele consagrou uma simples refeição de pão e vinho e nos convida a considerar todos os afazeres cotidianos desta terra como um solo sagrado.

Amo o fato de o mundo inteiro poder ser oferecido em oração, como uma porta para o agradecimento, louvor, lamento ou bênção. Isso ajuda a trazer à memória que a própria vida é oração, na qual posso abençoar uma batata ou ficar maravilhada diante de um inseto rechonchudo pousado numa batata, e louvar o Doador de toda dádiva boa e perfeita. Porque é aqui, nessas realidades terrenas, que Deus habita conosco.

MOMENTO DE DESCANSO

Como a grande criação de Deus em nosso mundo tem impactado você nesses dias? Como poderia abençoar os dons da criação dados por Deus com gratidão? Quando foi a última vez que o terreno conduziu você a uma posição de admiração ou um momento de epifania? Se não conseguir se lembrar de um momento assim, programe-se para passar um dia caminhando, descansando à beira de uma praia ou de um lago, ou plantando flores em um vaso, no jardim, ou oferecendo-as a um vizinho ou a uma organização. Quando o fizer, preste atenção em como Deus fala com você no ambiente natural; então, registre essa interação terrena em seu diário.

6. O caminho para casa

O evangelho revela que Jesus vive na comunidade contemplativa. A história dos dois discípulos voltando para casa no caminho de Emaús após as notícias da ressurreição é uma das mais reveladoras da vida contemplativa de Jesus. Vemos como Jesus se ocupa da jornada deles. Compreendemos o cuidado envolvido quando ele permite que sua história decorra naturalmente. Ele não se apressa em revelar a verdade da ressurreição. Anda ao lado deles e permanece com eles até que descubram por si mesmos.

Obviamente, Jesus sabe o que se passa na mente deles. Sabe como estão se sentindo e para onde vão, e ainda assim não se intromete em sua jornada. Ele dá apoio ao seu processo de examinar tudo o que os deixou triste como resultado dos eventos da crucificação. Ele os ajuda a explorar sua confusão a respeito do que aconteceu com Jesus naquela manhã. Jesus simplesmente faz perguntas, ouve, fica com eles e os deixa experimentar a tristeza até o momento em que tudo poderá ser esclarecido.

Muitas vezes desejamos explicações fáceis sobre a nossa fé. Queremos soluções para os desafios, conserto para as coisas quebradas e mapas claros que nos levem ao caminho da felicidade. Mas Jesus não oferece nada disso. O que ele oferece é presença. Ele se aproxima. Ele caminha com os outros. Ele os ouve quando estão passando por aquele caminho.

Nós também podemos ter essa mesma conduta quando encontramos outras pessoas em sua jornada de fé. Seja em nossas comunidades de fé, seja em nossa vida diária, podemos oferecer as mesmas dádivas da presença e da escuta, que são raras neste mundo. Como seguidores de Jesus, é assim que somos chamados para sermos as mãos e os pés de Cristo: oferecer nossa presença e escuta, suportar uns aos outros, chorar com aqueles que choram, nos alegrar com aqueles que se alegram. Quando chegamos à jornada da ressurreição dispostos a explorar nossas próprias experiências e prontos a ouvir quando os outros fazem o mesmo, vemos que Jesus esteve conosco durante todo o processo.

MOMENTO DE DESCANSO

Imagine que Jesus encontrou você na estrada e ouviu e revelou a verdade e a sabedoria para a sua vida. Para qual próximo passo você está sendo convidado em sua jornada de fé? Quando experimentou tristeza, decepção ou desencorajamento em sua jornada espiritual? Como você tomou consciência de que Jesus estava indo ao seu encontro nesse momento? Como se sentiu ouvido nos momentos de dificuldade? Como você tem sido uma presença atenta aos outros? Que diferença faz para você ou para sua comunidade de fé ter uma postura de ouvir atentamente o próximo?

7. Conversa da alma

Para reflexão pessoal, diálogo de direção espiritual, discussões em pequenos grupos ou em retiro

Lectio Divina: Salmos 131

Lenta e devotadamente, leia em voz alta o Salmo 131, que descreve uma alma contemplativa. Busque uma palavra ou frase que ressoe em você ou capture a atenção do seu coração. Guarde essa palavra ou frase dentro de você durante um minuto de silêncio. Leia o capítulo mais uma vez, com atenção, buscando uma conexão mais profunda, um chamado ou orientação relacionado a essa palavra ou frase. O que Deus está dizendo a você por meio da passagem da escritura nesse momento e nesse lugar?

Após outro período de silêncio, anote em seu diário o que você recebeu, ouviu ou desejou. Se estiver em grupo, compartilhe brevemente a palavra e suas reflexões a partir dessa leitura com outra pessoa, ouvindo sem fazer comentários e sem dar conselhos ou até mesmo validação. Apenas guarde as palavras divinas recebidas em um silêncio seguro e acolhedor.

O caminho da contemplação

- Se você tiver registrado cada uma das seis leituras em seu diário, volte e revise os registros. Qual é o fio condutor de seus pensamentos? Qual é o assunto que prevalece em suas reflexões? Como esse fio pode ser tecido em uma oração?
- Se você não tiver feito um diário, apenas reflita sobre essas leituras. O que ficou guardado com você? O que é mais

importante para sua jornada pessoal? Quais palavras ou pensamentos você destacou?

- Onde você foi desafiado pela ideia da contemplação?
- O que significaria para você se sua vida incluísse um ritmo mais lento e momentos de quietude, reflexão e oração?
- Qual convite você sente que está relacionado ao caminho da contemplação?
- O que você precisa libertar ou acolher para responder a esse convite?

Recebendo a graça

Qual graça ou dádiva você mais quer receber de Deus, considerando o convite para uma vida mais contemplativa como uma porta de entrada para se aproximar de Deus?

EPÍLOGO

Por meio de caminhos sagrados, exploramos o som da voz da alma, assim como a voz de Deus dentro dela. E mesmo que a maioria de nós não ouça a voz de Deus nos exatos tons e palavras humanos, a alma tem a capacidade de reconhecer os convites, os sutis movimentos, os momentos de despertar e o profundo anseio pelo Divino em meio a tudo que a vida coloca em nosso caminho.

Essa é uma jornada sem fim. Não chegaremos totalmente ao destino final nesta vida. Estamos sempre começando. Somos sempre peregrinos vivendo esta existência terrena. E estamos sempre na companhia de outras pessoas que também viajam em sua sagrada jornada interior. Juntos, ouvimos a alma falar.

"Somente em Deus, ó minha alma, espera silenciosa, porque dele vem a minha esperança." (Sl 62:5)

"Ó Deus, tu és o meu Deus forte; eu te busco ansiosamente; a minha alma tem sede de ti; meu corpo te almeja, como terra árida, exausta, sem água." (Sl 63:1)

"A minha alma suspira e desfalece pelos átrios do Senhor; o meu coração e a minha carne exultam pelo Deus vivo!" (Sl 84:2)

"[...] a minha alma recusa consolar-se. Lembro-me de Deus e passo a gemer; medito, e me desfalece o espírito." (Sl 77:2–3)

"Eis que te comprazes a verdade no íntimo, e no recôndito me fazes conhecer a sabedoria." (Sl 51:6)

"Nossa alma espera no Senhor, nosso auxílio e escudo." (Sl 33:20)

"[...] fiz calar e sossegar a minha alma; como a criança desmamada se aquieta nos braços de sua mãe, como essa criança é a minha alma para comigo." (Sl 131:2)

Que sua alma seja livre de tudo que não é necessário.

Que ela se abra a tudo que lhe é dado.

Que você ande pelo caminho que leva para casa, para o centro divino do seu eu mais verdadeiro.

Que você possa conhecer a presença íntima de Jesus sempre caminhando ao seu lado, e que ouça Deus falando em sua vida.

APÊNDICE 1

GUIA DE LIDERANÇA

A escuta ativa está se tornando uma arte perdida em nosso mundo, e não é diferente em nossas comunidades de fé. É um dom raro oferecer um lugar seguro para que os outros compartilhem sua jornada sem julgamentos ou interferências. Após ler *Conversas com a alma*, você pode estar se perguntando como encorajar o próximo a ouvir o Divino com um propósito santo. Este guia de liderança ajudará você a discernir se liderar um grupo de escuta é o próximo passo para você e, se for, como fazê-lo. Ele traz instruções e ideias de dinâmicas de grupo em geral, ideias específicas para o caminho sagrado de cada semana e sugestões para o engajamento do grupo no assunto de cada semana.

Definição de um grupo de escuta: Como o formato de um grupo de escuta é muito diferente de um grupo tradicional, como um clube do livro ou um grupo de estudos, é preciso alguma reflexão e intenção para torná-lo o espaço seguro e acolhedor onde outros possam explorar sua própria jornada espiritual. Defina esse grupo e seus objetivos antes de começar a convidar pessoas para fazer parte dele. Use as informações a seguir para resumir o texto e destaque os benefícios de um grupo *Conversas com a alma*.

Conversas com a alma é um mapa para explorar a paisagem da alma, identificando sete caminhos sagrados na jornada espiritual. Eles incluem:

- O caminho do discernimento
- O caminho da disciplina
- O caminho da permanência
- O caminho do deserto
- O caminho da identidade
- O caminho da comunidade
- O caminho da contemplação

Cada caminho conduz a conversas do coração por meio de reflexões pessoais diárias, registros em diário e oração devocional. Você é convidado a compartilhar em comunidade enquanto aprendemos a nos aquietar em nossa própria alma, a refletir sobre as nossas experiências, a acreditar em nossa própria jornada, e a reconhecer o mover do Espírito em meio à vida cotidiana.

Conversas com a alma oferece os seguintes benefícios para o grupo:

- Um mapa para avançar no caminho que leva a uma conexão mais profunda com Deus, consigo mesmo e com os outros.
- Um ritmo para a devoção pessoal e meios de compartilhar essa jornada com outras pessoas.
- Reflexões guiadas ao final de cada leitura para responder em forma de um diálogo de oração com Deus por meio de registros em diário.
- Um encontro semanal com o grupo para escutar ativamente uns aos outros, enquanto exploramos e descobrimos nosso próprio caminho interior.

Formação do grupo: Uma vez que você tiver decidido formar um grupo, a melhor abordagem é convidar individualmente as pessoas a fazerem parte do seu grupo, em vez de fazer um anúncio aberto para todos em uma grande comunidade. Se houver interesse por parte de um grande número de pessoas, você pode fazer uma parceria com outros para oferecer múltiplos grupos pequenos, em vez de um grande grupo. O número ideal de participantes em um grupo de *Conversas com a alma* seria no mínimo três e no máximo oito. Como o objetivo não é fazer um grupo fechado ou exclusivo, criar um espaço seguro onde todas as vozes sejam ouvidas é mais fácil em números menores. Novos grupos podem ser formados e facilitados se houver interesse.

Pacto do grupo de escuta: No início do seu grupo, compartilhe o seguinte pacto do grupo de escuta, que é um conjunto básico de normas de como o grupo funcionará e um guia para lembrar aos membros quando o pacto ou as normas estiverem sendo esquecidas.

1. Comprometa-se em participar regularmente do grupo, como uma forma de expressar seu apoio fiel ao outro na jornada.
2. Mantenha confidencialidade sobre o que for compartilhado no grupo.
3. Ouça o próximo sem interrupções. (O facilitador do grupo pode interferir se os limites de tempo precisarem ser cumpridos.)
4. Ouça em oração como o Espírito fala com você individual e coletivamente.
5. Evite conversas paralelas ou apresentar soluções para problemas (por exemplo, não responda ao que alguém diz contando sua própria história ou com um exemplo de como você lidou com uma situação similar).
6. Permita que o próximo lide com as dificuldades quando você compartilhar desafios. Dê ao próximo espaço e

tempo para expressar emoções difíceis, se necessário, sem se apressar para resgatá-lo do que talvez pareça desconfortável.

7. Dê lugar ao silêncio, sem se apressar para responder ou preencher o vazio. O Divino muitas vezes age no silêncio.
8. Dê a todos a oportunidade de falar durante o encontro, se assim quiserem. Não force ninguém a compartilhar se não desejar.
9. Considere que todos são responsáveis por este pacto.

Escuta ativa: A escuta ativa é o ponto principal de um grupo de escuta. É diferente das dinâmicas da maior parte dos pequenos grupos que experimentamos na vida na igreja ou em outras comunidades de fé. Não se trata de um grupo de discussão no qual debatemos ou nos posicionamos a respeito de cada ideia que o grupo traz. Um grupo de escuta elimina as conversas paralelas, que muitas vezes são bem-intencionadas em "ajudar" o outro a resolver um problema, mas lhes tira a oportunidade de explorar os meios de encontrar seu próprio caminho.

A escuta ativa oferece a cada integrante do grupo tempo para compartilhar o que está em sua mente ou coração sem ser interrompido. Você pode estabelecer limites de tempo para que todos tenham a oportunidade de compartilhar. A escuta ativa permite que uma pessoa trabalhe em sua própria verdade sem receber conselhos ou sugestões. Uma vez que uma pessoa concluir sua fala, convide o grupo a fazer uma pausa silenciosa, honrando o que foi compartilhado em uma quietude de oração. Acostumar-se a pausas em silêncio em um grupo requer alguma prática, especialmente porque fomos ensinados a preencher o silêncio em contextos sociais. A escuta ativa baseia-se em três elementos:

Receber — Permitir que uma pessoa compartilhe enquanto o grupo permanece atento e focado, livre de distrações. Enquanto estiver ouvindo, preste atenção em quaisquer temas, palavras ou frases repetidas, linguagem corporal ou emoções que possam ser mais bem explorados.

Refletir — Refletir significa trazer o que foi compartilhado a um espaço de silêncio e oração. Enquanto o grupo estiver refletindo em silêncio, esteja atento a quaisquer intentos do Espírito que possam surgir, como encorajamentos, perguntas ou convites para que o orador continue falando.

Responder — Não é a mesma coisa que reagir ao que foi dito. Após o período de silêncio e de reflexão, os membros do grupo têm a oportunidade de responder ao que ouviram. Eles podem reconhecer o que foi compartilhado, a dor de uma situação, uma força ou uma dádiva que sejam evidentes. Também podem fazer uma pergunta interessante que leve o indivíduo a uma ponderação mais profunda sobre o que exprimiu. O foco deve sempre estar na pessoa e em seu relacionamento com Deus, sem nunca mudar para a história ou experiência de outro.

Use este material: Este livro está organizado para sete semanas de interação em grupo, cobrindo um caminho interior a cada semana. Encoraje os membros do grupo a lerem o curto devocional a cada dia e a refletirem usando as instruções e questões do Momento de Descanso, lançando mão de um bloco de notas ou de um diário para registrar seus pensamentos, suas orações e sua jornada com Deus ao longo da semana.

Encontro mensal: O sétimo dia de cada caminho oferece um guia para reflexão que é adequado tanto para pessoas individualmente quanto em grupos. Esse guia (chamado "Conversa da alma") fornece um modo de revisar e reunir tudo que foi recebido. O formato é o mesmo para todas as semanas, o que facilita mediar as interações do grupo. Se o encontro durar uma hora, você pode estruturar o tempo da seguinte forma:

- 5 minutos: acenda uma vela como um acolhimento simbólico do grupo e um reconhecimento da presença de Deus entre vocês. Abra a sessão do grupo com um minuto de oração silenciosa. Eu costumo encorajar as pessoas a dedicarem um minuto de silêncio para respirar e centrar seu corpo, mente e espírito na pacífica presença e luz de Deus, para libertar tudo que não é necessário e para receber tudo que está sendo ofertado.
- 10 minutos: após essa abertura silenciosa, dedique um tempo à *Lectio Divina* (leitura sagrada) baseada no salmo. Você ou alguém para quem tenha pedido com antecedência pode ler o salmo em voz alta. Instruções para essa prática são fornecidas na seção "Conversa da alma" a cada semana.
- 40 minutos: divida esse grande bloco de tempo igualmente entre os participantes. Siga o ciclo de ouvir o que um membro do grupo compartilha, participar da reflexão coletiva em silêncio, e então responder ao que o membro do grupo compartilhou. Incentive cada membro do grupo a usar suas respostas para os "Momentos de descanso" diários e as perguntas e ideias de "Conversa da alma" para guiar seu compartilhamento.
- 5 minutos: encerre perguntando a cada membro qual dom ou graça eles pediriam a Deus para continuar caminhando no caminho sagrado. Então, use uma bênção simples (*Vão em paz*; *Que Deus esteja com vocês*) ou uma oração para concluir seu tempo juntos.

Recursos dos capítulos: a seguir, você encontrará recursos adicionais e reflexões para apoiá-lo em sua liderança e mediação das discussões a cada semana.

O caminho do discernimento — Salmos 62, Salmos 139

Podemos nos questionar sobre ouvir a voz de Deus e reconhecer a presença d'Ele em nossa vida diária. Talvez comecem a surgir perguntas sobre como saberemos quais são a direção e a vontade de Deus quando precisamos tomar decisões e buscar o sagrado nas tarefas ordinárias da vida. Esse caminho do discernimento é uma oportunidade para um maior crescimento da confiança em Deus mesmo em meio às adversidades. Além do Salmo 62, leia o Salmo 139. Este é o cerne do que é conhecido como Oração de Exame: "Sonda-me, ó Deus, e conhece o meu coração" (v. 23). É uma oração que convida o Espírito a trazer à nossa mente os eventos do dia ou da semana, refletindo com gratidão sobre os momentos que foram revigorantes e os momentos que foram enfraquecedores.

Engajamento de grupo: No encerramento do seu tempo juntos, dê a cada membro uma pequena ficha de papel. Peça que cada pessoa identifique algo que agora esteja discernindo, uma área de sua vida ou uma decisão que precisa tomar. Pode ser que a pessoa esteja com dificuldade de discernir a presença de Deus em uma decisão importante ou no dia a dia. Deixe que escrevam sua área de discernimento na ficha. Então, faça com que troquem suas fichas com a pessoa à esquerda ou à direita, e peça que cada um ore pela pessoa cuja ficha guardarão até a semana seguinte.

O caminho da disciplina — Salmos 63:1–6, 2 Pedro 1:3–8

Releia os pensamentos introdutórios deste capítulo que ajudam a diferenciar o que é uma disciplina espiritual e o que não é. Leia também 2 Pedro 1:3–8, sobre fazer parte da "natureza divina", e então liste as formas ou disciplinas que podem nutrir esse crescimento espiritual ofertado por Deus. Essa passagem é um bom lembrete de que o desenvolvimento espiritual e as disciplinas são um processo e que estamos sempre mudando à medida que crescemos. As disciplinas não têm a pretensão de ser guias prescritivos para a jornada espiritual, mas sim expressões descritivas para o anseio do coração.

Engajamento de grupo: Comece um diário de gratidão que se tornará parte da disciplina espiritual para que o grupo experimente junto. O diário pode ficar com quem quer que esteja mediando o grupo. Abra o diário a cada semana e incentive as pessoas a escreverem sua gratidão assim que chegarem. Uma alternativa é oferecer alguns minutos de meditação em silêncio para que reflitam sobre a gratidão ao final da sessão. Então, passe o diário por todos, dando tempo para que registrem seus pensamentos. O diário pode se tornar uma boa ferramenta de reflexão para encerrar seu tempo juntos.

O caminho da permanência — Salmos 84, João 15:1–16

Além do Salmo 84, separe um tempo para ler e meditar em João 15:1–16, que registra as palavras de Jesus aos seus discípulos sobre os ramos que permanecem na videira. Dependendo da tradução da Bíblia que você estiver usando, a palavra "permanecer" pode ter sido substituída por "estar". Preste atenção na conexão entre permanecer em Cristo e nossa capacidade de produzir frutos. O que produzir frutos representa na vida cristã? Qual é a conexão entre a permanência e a oração? Como Jesus comunica a intimidade de permanecer nele?

Engajamento de grupo: Busque na internet uma versão do hino "Conosco fica" para tocar como se fosse uma oração de abertura ou de encerramento para o grupo. Se o seu grupo tiver inclinações musicais, traga cópias das letras para vocês cantarem juntos.

O caminho do deserto — Salmos 77, Lucas 7:18–23

Bem enquanto desfrutamos da realidade de um relacionamento dinâmico com Deus, nós que estamos no caminho espiritual muitas vezes alcançamos um ponto onde tudo parece evaporar ou lidamos com uma grande mudança no pensamento e no comportamento que nos leva a perguntar se não há mais nada na jornada. Alguns sentem que estar nesse deserto é como "dar de cara com a parede", pois parece que não conseguem dar a volta por cima. Outros ao longo da história chamaram isso de "a noite escura da alma", onde Deus e todos os sinais de conhecer a Deus parecem ausentes. Essa pode ter sido a situação de João Batista. Ele passou sua vida e seu ministério falando de Jesus para as pessoas. Porém, quando estava na prisão, parecia ter perdido a confiança de que Jesus era o Messias. Ele enviou uma mensagem para Jesus perguntando se era realmente o Filho de Deus (Lc 7:18–23). Mas esse deserto pode ser exprimido nas simples palavras de Jesus na cruz: "Deus meu, Deus meu, por que me abandonaste?" (Mc 15:34). Mesmo quando tudo parece perdido, seguimos em frente com fé e esperança enquanto esperamos em Deus. Explore em você e com o grupo o que significa esperar em Deus — especialmente quando Ele parece estar em silêncio.

Engajamento de grupo: Se o clima permitir, leve seu grupo para o lado de fora, para ter um pouco mais de contato com uma paisagem natural, como quer que ela seja na área em que vocês vivem. Permita que seja uma oportunidade para que cada membro expresse como descreveria a atual paisagem de sua própria alma.

O caminho da identidade — Salmos 51, 2 Samuel 12:1–15, Gênesis 3

No processo de conhecer a nós mesmos, também conhecemos a Deus. Às vezes, porém, o caminho nos leva para o deserto ou nos choca com nossa falsa identidade. Quando o profeta Natã confronta o Rei Davi por causa de sua infidelidade com Bate-Seba (2Sm 12), Davi fica chocado com a revelação de sua falsa identidade. A resposta de Davi não é negar ou tentar encobrir seus erros. Em vez disso, ele demonstra um coração humilde e arrependido em sua confissão registrada no Salmo 51. Esse caminho interior redefine quem nós somos enquanto seres imaginados por Deus. Explorar nosso verdadeiro eu e nosso falso eu pode trazer tanto humildade quanto empolgação.

A identidade tem o potencial de até mesmo redefinir nosso conceito de "pecado" para além das regras da moralidade. Na história da Criação e da queda da humanidade (Gn 2-3), frequentemente nos concentramos na desobediência de comer o fruto da árvore proibida. Mas o "verdadeiro pecado" começa na insistência da humanidade em fazer suas próprias regras e definir sua própria identidade. Pegar o fruto revela um comportamento de que "o que Deus me deu não é suficiente… eu quero mais". A negação intencional do seu eu à imagem de Deus resulta em se esconder por trás de uma falsa identidade de folhas de figueiras improvisadas (Gn 3:7). Batalhamos hoje contra a mesma tentação de nos tornarmos seres autorrealizados pelos próprios feitos, mas, assim como Deus providenciou coberturas apropriadas pela vida que eles escolheram fora do Éden, Ele também nos encontra com suas infinitas graças onde quer que estejamos, e fica conosco no caminho da descoberta do nosso verdadeiro eu, feito à imagem de Deus.

Engajamento de grupo: No início de seu tempo juntos, peça que todos se apresentem ao grupo sem mencionar papéis, realizações ou relacionamentos como parte de sua descrição.

O caminho da comunidade — Salmos 103, João 17

Por mais que tenhamos explorado o caminho sagrado interno, no fim das contas nossa jornada interior nos leva de volta para fora. Perto do fim de sua vida terrena, Jesus ora por seus seguidores — por cada um de nós — para que vivam na unidade do amor de Cristo e juntos como uma comunidade (Jo 17). É uma oração intensa que nos convida a vivermos juntos neste mundo desafiador. Esse capítulo nos convida a refletir sobre nossa adoração em conjunto, como suportar uns aos outros quando as coisas ficam difíceis, e como podemos reimaginar nossas comunidades de fé para dar um maior suporte à jornada de cada um.

Engajamento de grupo: Peça ao grupo que pense em uma palavra ou uma frase que descreva sua experiência de comunidade. Lembre-se de que esse compartilhamento não é feito para que os outros concordem ou discordem. O grupo simplesmente deve guardar a palavra e os pensamentos compartilhados com uma graça acolhedora. Qual é a sensação de uma comunidade, qual é a aparência dela, como soa? Ou, então, qual símbolo ou metáfora pode oferecer uma imagem da comunidade?

O caminho da contemplação — Salmos 131, Salmos 46

O que queremos dizer com uma vida contemplativa? É uma vida voltada para Deus, uma vida de oração, atenta ao Divino que está presente e agindo nas áreas comuns. A contemplação é alimentada pelo silêncio e pela quietude. É a experiência de Salmos 46:10, que diz: "Aquietai-vos e sabei que eu sou Deus." Ela permite momentos de silêncio ao longo das atividades diárias, tempo para fazer uma pausa, tempo para trabalhar e viver em um ritmo mais lento do que o que o mundo às vezes exige. Quando temos uma presença contemplativa no mundo, vivemos em contentamento e oferecemos essa dádiva aos outros. O caminho da contemplação busca os convites de vida vindos de Deus. Ele acolhe os momentos comuns, os momentos cheios de alegria e até mesmo a dor e a perda que inevitavelmente enfrentamos.

Uma vida contemplativa dispensa o esforço que pode ter definido nossas experiências de fé anteriores e repousa no que nos é dado a cada dia. Ela confia intimamente que Deus vê, conhece e ouve tudo que enfrentamos e vem ao nosso encontro em amor. A vida contemplativa se torna uma vida mais integrada e menos fragmentada. Mais Deus em mim, menos Deus lá fora.

Engajamento de grupo: Explore o que significaria para você ou para o seu grupo viver uma vida contemplativa. O que mudaria ou se transformaria? O que você precisaria acolher ou largar?

Encerrando seu grupo

Talvez seja de seu interesse que o grupo tenha uma semana extra para fazer um encerramento de tudo que vocês compartilharam juntos. Se quiser, inclua uma refeição compartilhada ou até mesmo um culto eucarístico. Seja criativo e peça dicas ao grupo de como querem encerrá-lo. Veja algumas sugestões a seguir:

1. Peça que cada pessoa escreva uma oração ou bênção para o grupo e compartilhe.
2. Se você manteve o diário de gratidão em grupo sugerido na atividade "Engajamento de grupo" da segunda semana, leia-o inteiro em conjunto, chamando voluntários para lerem algumas entradas até que acabe. Pergunte como essa prática e as mensagens impactaram cada um.
3. Peça que todos tragam um símbolo da jornada que vocês atravessaram juntos e falem dele nessa última sessão.
4. Peça a cada membro que compartilhe o que recebeu e o que largou como resultado dessa jornada interior.
5. Se desejar, peça que tragam ideias de como manter os encontros do grupo em uma frequência semanal ou mensal, seja com novas ferramentas, seja como um grupo de escuta por conta própria.

Encerre seu tempo juntos com um momento de oração ou com a leitura da bênção final dos salmos compilados no epílogo.

APÊNDICE 2

SALMOS ADICIONAIS

Além dos sete salmos que oferecem foco e base para cada um dos capítulos dos caminhos internos, há muitos outros que conversam com a alma que você pode explorar sozinho ou em grupo. Esses salmos estão listados a seguir, acompanhados de algumas perguntas e sugestões de reflexão e oração.

Salmo 30 — Erguendo a alma da cova

Quando você sentiu tristeza ou pranto profundo? Como sentiu a presença de Deus em você? Como sentiu Deus transformar seu "choro em dança" ou trocando seus panos de saco por vestes de alegria? Como você lidava e lida com a tristeza e com a alegria?

Salmo 34 — A minha alma engrandece o Senhor

Este salmo aborda as formas pelas quais Deus respondeu a Davi em momentos de dificuldade. Como seria seu próprio salmo se você reunisse as formas pelas quais Deus o abençoou? Como contar essas bênçãos engrandece ou magnifica sua visão de Deus?

Salmo 42 — A alma anseia por Deus

Quando sua alma está abatida, inquieta ou cansada, pelo que você anseia? Do que você tem sede em momentos como esse? Enquanto lê esse salmo, quais palavras ressoam em você? Em quais aspectos se identifica com o salmista?

Salmo 57 — Acorda, minh'alma

Como sua alma despertou para novas ideias e possibilidades quando você explorou seu caminho sagrado interno? Onde percebeu que sua alma parece estar letárgica ou adormecida? Como você poderia tornar esse despertar ou desejo pelo despertar em uma oração?

Salmo 86 — Um coração e uma alma indivisíveis

Em momentos de dificuldade, Davi direciona seu coração e sua alma para o único que ouve e responde quando ele se sente "aflito e necessitado" (v. 1). Então, ele pede a Deus graças específicas para passar pela dificuldade. Quais graças você quer de Deus quando se sente aflito e necessitado?

Salmo 119 — A alma se derrama

O Salmo 119 é o maior capítulo de todas as escrituras. Separe um tempo para lê-lo ao longo do dia ou de uma semana. Perceba como ele fala à sua alma. Preste atenção especialmente nos versículos 25-32, 81-83 e 169-176.

APÊNDICE 3

RETIRO DE QUARESMA

Quaresma é o período de quarenta dias que precedem a Páscoa, nos quais os cristãos costumam aderir a uma peregrinação espiritual do coração com Jesus, trazendo à memória sua conduta no fim de sua vida terrena. A quaresma normalmente é preenchida com atos de devoção e sacrifício, liturgias praticadas em comunidade e orações oferecidas em um local e momento reservados para dirigir corpo, coração, mente e espírito a esses dias de paixão e sofrimento.

Devido ao seu formato de sete semanas, *Conversa com a alma* pode ser uma boa companhia no caminho interior com Jesus durante a Quaresma. Você pode fazê-lo de variadas formas. Ofereço a seguir três sugestões que você pode adotar ou adaptar para seu próprio ritmo, passo e intenção ao longo da temporada.

Retiro 1: Quaresma em comunidade

Se você está reunindo um grupo para trabalhar neste material juntos, considere começar as leituras na semana anterior à Quarta de Cinzas, o início da Quaresma no calendário litúrgico. Use as instruções do Apêndice 1, que ajudam a liderar um grupo ao longo deste livro e especifica como usar o tempo a cada semana de encontro. Os membros do grupo devem se comprometer a ler diariamente durante a semana do encontro, a virem preparados para compartilhar como foi sua jornada durante a semana e a estarem abertos aos convites, desafios ou transformações que vêm como resultado da leitura.

Quando os membros leem e meditam no devocional, eles criam um pequeno retiro dentro de si de dez a vinte minutos todos os dias. Cada encontro semanal é outro retiro em grupo, que dura de sessenta a noventa minutos. Além desse ritmo de retiro diário e semanal, considere oferecer um tempo diário extra de oração e devoção durante a Semana Santa (do Domingo de Ramos ao Domingo de Páscoa), além de um tempo de devoção adicional para meditar na Palavra, em silêncio, em oração e na paixão de Jesus.

Retiro 2: Um retiro pessoal dedicado

O objetivo de um retiro é sair da sua rotina normal e se entregar de todo o coração para Deus. Você pode conceber um "retiro" da forma que quiser, conforme descrito a seguir. Escolha qualquer um dos sete "caminhos sagrados" como o foco. Dependendo do tempo que você tiver reservado, escolha leituras que se alinhem ao seu cronograma. A decisão de usar todas as sete leituras ou só duas ou três dependerá de você e do tempo que tiver disponível. Planeje dedicar uma ou duas horas a cada meditação que tiver escolhido incluir em seu retiro. Se você tiver múltiplos dias disponíveis, certifique-se de cuidar do corpo, mente e espírito.

Para cada sessão do seu retiro, use o seguinte modelo para dedicar seu tempo a cada meditação escolhida.

1. **Preparo**: antes de se sentar para orar, ler e meditar, reserve um tempo para preparar seu corpo para a jornada. Faça uma pequena caminhada ou exercícios de alongamento. Prepare uma xícara de chá ou café e acomode-se no espaço que você tiver reservado.

2. **Oração**: escreva sua intenção para o retiro como uma oração em seu diário. O que você quer de Deus nesse retiro? Como Deus pode oferecer uma bênção a você enquanto medita, lê, escreve, pensa e se move durante esse tempo reservado?
3. **Leitura**: leia o salmo de abertura do caminho sagrado escolhido e a introdução. Permita que seu coração e seu espírito se voltem para Deus e para sua conexão íntima com o Divino. Leia o primeiro devocional escolhido, dando-se tempo para meditar no que leu. Observe se uma palavra ou frase específica chama sua atenção ou faz você se perguntar sobre algo em sua própria alma.
4. **Silêncio**: passe alguns minutos pensando nessa palavra ou frase e deixe-a falar à sua alma. Depois desse período de reflexão disposta e silenciosa, releia o devocional para selar o convite de Deus em seu coração.
5. **Registro em diário**: por fim, comece a registrar em seu diário um diálogo com Jesus sobre as palavras nas quais você está pensando. Quais desafios nessas palavras você está ruminando? Quais são os convites para o conforto divino? Quais necessidades precisam ser liberadas para abrir espaço para algo novo? Como você pode guardar essas palavras em sua vida cotidiana?

Uma vez que tiver completado o primeiro devocional, faça uma pausa curta e se alongue, vá para um local ao ar livre (se estava em um local fechado) ou talvez se dedique a alguma expressão artística relacionada à pintura, ao artesanato ou a badulaques que encontrou ao longo de sua caminhada que você dedicará em louvor a Deus. Reponha seu café ou chá, se necessário, antes de retomar o caminho. Quando você estiver pronto, volte a se centrar e recomece o processo com a próxima leitura devocional.

Retiro 3: Caminhar com Jesus

Desenvolva um retiro de Quaresma usando a sexta leitura de cada um dos sete capítulos, que se concentra nos dias finais da vida de Jesus na terra — do cenáculo ao Getsêmani, o julgamento, a crucificação e o sepultamento, a ressurreição, e todo o restante. Essas sete leituras incluem:

- A sombra da cruz (página 31)
- Vigiar e orar (página 49)
- Permanecer em Cristo (página 65)
- Seguir à distância (página 81)
- A voz do silêncio (página 101)
- A estrada para o Calvário (página 117)
- O caminho para casa (página 133)

Distribua essas leituras ao longo do tempo que você tiver reservado. Um retiro de sete ou oito horas permitiria cerca de uma hora para cada devocional. Ou escolha três ou quatro leituras e dedique duas horas para ler, ficar em silêncio, orar e fazer o registro no diário.

Outra abordagem para essa jornada com Jesus seria distribuir as sete leituras ao longo dos sete dias que antecedem a Páscoa. Uma hora a cada manhã permite que você leia, medite, registre no diário e ore os sete devocionais da Quaresma. Use ou adapte o formato registrado em Retiro 2 como modelo.

NOTAS

O caminho do discernimento

1. Henri Nouwen, *Discernment: Reading the Signs of Daily Life* (Nova York: HarperOne, 2013), 5-6.

O caminho da permanência

2. Henry F. Lyte, *Abide with Me*, 1847, Copyright status Public Domain. (United Methodist Hymnal, 1989), 700.
3. Richard J. Foster, *Prayer: Finding the Heart's True Home* (Nova York: HarperCollins, 1992), 1.

O caminho do deserto

4. Brother Lawrence, *The Practice of the Presence of God* (Grand Rapids, MI: Spire Books, 2007), 50.

O caminho da identidade

5. Martin Laird, *Into the Silent Land: A Guide to the Christian Practice of Contemplation* (Nova York: Oxford University Press, 2006), 91.

O caminho da comunidade

6. Você pode ler mais sobre direção espiritual em meu livro *Sacred Conversation: Exploring the Seven Gifts of Spiritual Direction* (Nashville, TN: Upper Room Books, 2022), ou em www.marshacrockett.org.

Impressão e Acabamento:
LIS GRÁFICA E EDITORA LTDA.

APÊNDICE 4

OS MARCADORES DO CAMINHO INTERIOR

Cada caminho descrito neste livro oferece um novo ponto de vista para a jornada espiritual, e cada caminho nos traz experiências únicas de crescimento e transformação. O quadro a seguir oferece uma visão geral de algumas das características que uma pessoa pode viver em cada caminho. Use essa ferramenta para identificar os caminhos pelos quais você andou, pelos quais anda hoje ou aqueles que espera explorar no futuro.

Todas as pessoas experimentam esses caminhos a seu próprio modo, com base em sua história, personalidade e, acima de tudo, seu relacionamento com Deus, que é único. Use esse recurso para contemplar as formas pelas quais *você* passou pelos caminhos interiores, que podem ser muito diferentes do que você verá no quadro. Acrescente a ele suas próprias descrições, desafios e disciplinas, como um lembrete das formas únicas pelas quais o Espírito encontra e conversa com você nesses caminhos pessoais, que foram divinamente pavimentados apenas para você.

Caminho interior	Descrição/ Características	Desafios/ Tentações	Disciplina
Discernimento	Despertar, escuta, transição, busca da sabedoria	Cansaço, a resposta ou escolha "certa", soluções rápidas	Oração de Exame
Disciplina	Receptividade, humildade, nutrição, fome espiritual, sensação de crescimento	Informação sem transformação, gula espiritual	Lembrar-se de que "só uma coisa é necessária"
Permanência	Anseio por Deus, anseio espiritual, intimidade com Deus, centro, descanso	Distrações, ocupações, enfado	Meditação nas escrituras
Deserto	Sequidão, aridez, bloqueio, escuridão, questionamento, confusão, confiança	Vagar, buscar meios de fugir do deserto, acreditar que está perdido	Quietude, silêncio, espera paciente
Identidade	Libertar ou lamentar falsas identidades, humildade, estabelecer novos limites, renascimento, confiança, voz	Defensividade, negação do falso eu, confusão	Confissão, registro em diário
Comunidade	Pertencimento, encorajamento, suporte, escuta, desconstrução, reimaginação	Observação/ julgamento sem conexão ou participação	Adoração
Contemplação	Liberdade, acolhimento, atenção e reconforto no momento presente, aceitação, visões, reconhecimento de que você é amado	Afastamento da comunidade ou responsabilidades, culpa pelo "tempo perdido"	Meditação, silêncio